# TRAITÉ

DE

# PHOTOGRAPHIE

## SUR PAPIER

PAR

PAR M. BLANQUART-ÉVRARD

(De Lille)

AVEC UNE INTRODUCTION

Par M. George VILLE.

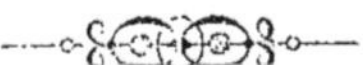

PARIS,

LIBRAIRIE ENCYCLOPÉDIQUE DE RORET,

RUE HAUTEFEUILLE, 12.

**Ch. Chevalier**, Cour-des-Fontaines, 1 *bis*.
**L'ingénieur Chevalier**, Pont-Neuf, 15.
**Durand**, quai des Orfèvres, 60.
**Madelain**, rue Chabannais, 11.
**Lerebours** et **Sécretan**, Pont-Neuf, 13.
**Richebourg**, quai de l'Horloge, 69.
**Romieu**, rue Rambuteau, 15.
**Soleil**, rue de l'Odéon, 35.

Juin 1851.

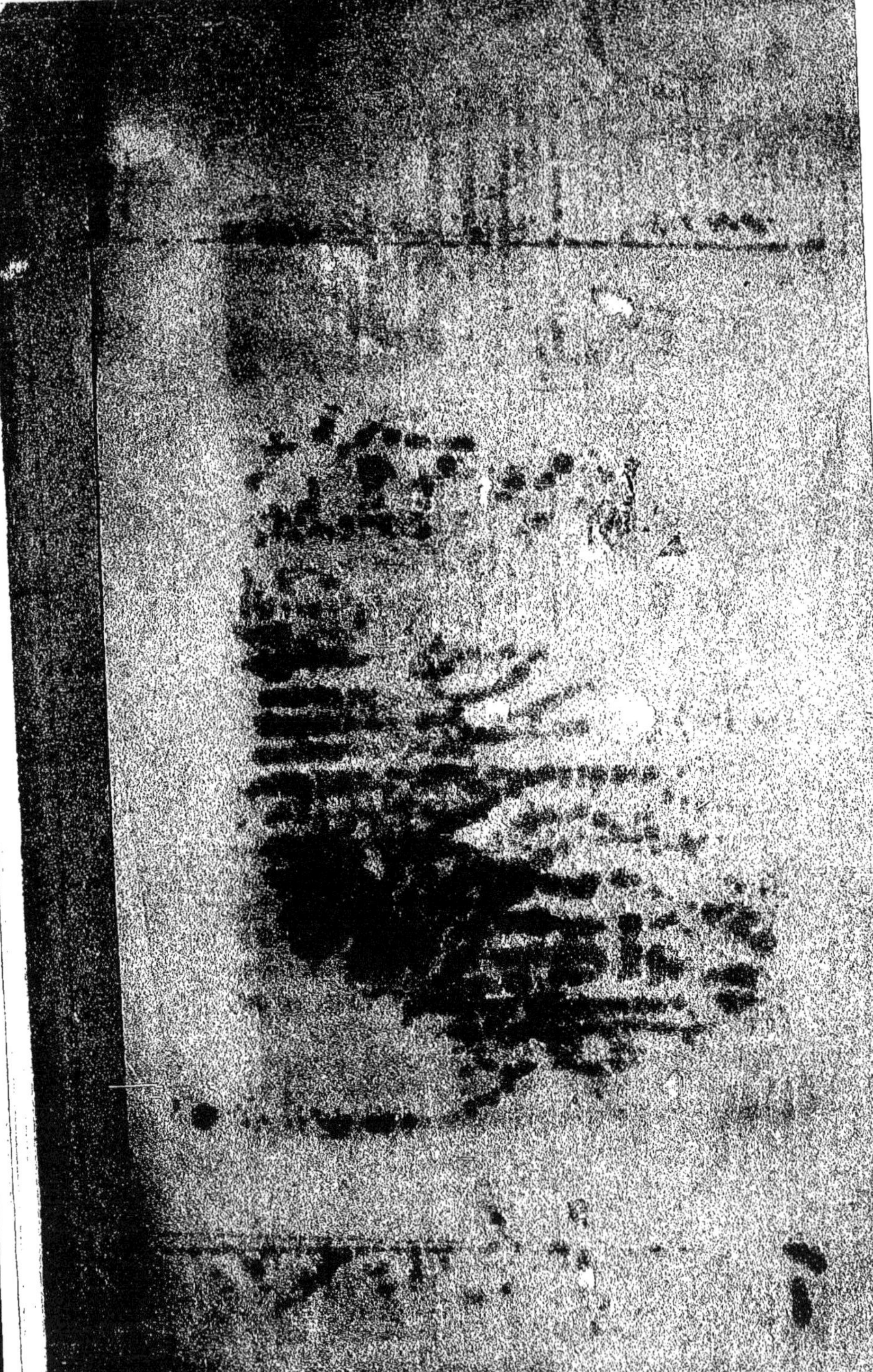

# ALBUM PHOTOGRAPHIQUE

DE

## L'ARTISTE ET DE L'AMATEUR





PUBLIÉ SOUS LA DIRECTION

## DE M. BLANQUART-ÉVRARD

Lorsqu'au mois d'octobre **1850**, M. Blanquart-Evrard, dans un paquet cacheté déposé à l'Académie des Sciences, consigna la solution d'un problème longtemps cherché par lui, celui de la production de l'image positive par l'action chimique substituée à l'action de l'intensité lumineuse, l'imprimerie photographique fut trouvée. Comment M. Blanquart-Evrard, dérogeant pour cette fois à ses habitudes de publicité, ne fit-il point connaître immédiatement sa découverte? C'est qu'il pensa que l'art nouveau qui allait en surgir avait besoin de se produire en quelque sorte tout grandi et dégagé de ces tâtonnements qui accompagnent la marche d'une industrie dans son enfance. Il crut que le meilleur moyen de populariser cette application nouvelle de la science photographique, était de joindre la pratique à la théorie.

Dans le Traité de Photographie que M. Blanquart-Evrard vient d'offrir au public, le principe de l'impression photographique est résolu; il reste à en démontrer l'application. C'est ce que tentent de faire les éditeurs de l'Album Photographique de l'Artiste et de l'Amateur.

Pour réaliser leur idée, il leur fallait un cadre dans lequel pussent venir se grouper toutes les applications de la découverte nouvelle, de manière à présenter successivement un specimen de ses progrès. Ils ont pensé à une publication qui reproduirait, avec tout le charme et toute l'exactitude des procédés daguerriens, les chefs-d'œuvre de la peinture et de la sculpture ancienne et moderne, les monuments et les sites les plus célèbres, sans négliger toutefois ceux qui, pour être peu connus, n'en méritent pas moins de fixer l'attention, les curiosités ethnographiques, ainsi que ces mille objets qu'il est difficile de classer, mais qui se rattachent aux beaux-arts, et peuvent contribuer à leur développement.

Dans ce but, les musées et les collections particulières ont été mis à contribution, de nombreux clichés exécutés en Italie, en France, en Belgique, dans l'Indou, en Chine, ont été recueillis, et assurent à la collection une attrayante variété. Les éditeurs n'ont qu'un désir, c'est que leur publication puisse être admise utilement dans l'atelier de l'artiste et dans le cabinet de l'amateur. Ils seront heureux de la voir trouver aussi sa place autour du foyer domestique, et charmer les loisirs de la famille, en propageant en même temps le goût des beaux et bons arts. Ils comprennent toute la réserve que comporte une semblable destination, ils sauront n'y pas faillir.

Quant à l'exécution matérielle, ils n'épargneront rien pour qu'elle réponde à l'importance du but qu'il s'agit d'atteindre. Pour garantir qu'elle se maintiendra à la hauteur de la science, il leur suffit de dire que M. Blanquart-Evrard a bien voulu en accepter la direction. Ils osent compter aussi sur le bienveillant concours des principales notabilités photographiques. Ils appellent enfin sur leur entreprise l'appui de tous les amateurs de la photographie, jaloux comme eux d'assurer et de constater les progrès d'un art dont ils ont pressenti depuis longtemps le brillant avenir, et auquel ils ont voué toutes leurs sympathies.

## CONDITIONS DE LA SOUSCRIPTION.

**Chaque mois, à partir de la première quinzaine de juillet 1851, il sera publié une livraison de cinq épreuves photographiques d'environ $^{16}/_{00}$ de haut sur $^{20}/_{00}$ de largeur, dont les sujets se répartiront ainsi :**

**Deux reproductions des chefs-d'œuvre de la peinture et de la sculpture ancienne et moderne.**

**Une ou deux vues de sites ou de monuments empruntés aux différents pays ou aux différentes époques.**

**Une ou deux reproductions d'objets appartenant à l'ethnographie, à l'histoire naturelle, etc.**

Une feuille de texte explicatif accompagnera chaque livraison, qui sera garantie par une couverture imprimée.

Chaque épreuve sera collée sur carton vélin et entourée de filets dorés faisant encadrement.

Le prix de la livraison, contenant cinq sujets, et paraissant tous les mois, est fixé à SIX FRANCS.

On ne s'engage que pour une année ou douze livraisons, formant un recueil de soixante dessins, pour lequel il sera fourni, avec la douzième livraison, un titre et une table.

On souscrit à Paris, sans rien payer d'avance.

**A PARIS, chez M. RORET, Libraire rue Hautefeuille, 12,**

Et chez MM.

CHARLES CHEVALIER, opticien, Cour des Fontaines, 1 bis, ou galerie de Valois, Palais National.

LEREBOURS ET SÉCRÉTAN, opticiens, place du Pont-Neuf.

**A LILLE, à la Direction de l'Album Photographique de l'Artiste et de l'Amateur, quai de la Haute-Duèlle, 3 bis.**

---

A *cause de la difficulté des recouvrements mensuels*, MM. les Souscripteurs des départements et de l'étranger sont priés d'envoyer franco, à Lille (Nord), à l'adresse ci-dessus, leur souscription d'une année, accompagnée d'un bon de 72 FRANCS sur la poste ou sur une maison de Banque, et de faire connaître en même temps le mode d'envoi à employer pour leur faire parvenir mensuellement leurs livraisons.

---

BAR-SUR-SEINE. — IMP. DE SAILLARD.

# PHOTOGRAPHIE

## SUR PAPIER

## LIBRAIRIE ENCYCLOPÉDIQUE DE RORET,

RUE HAUTEFEUILLE, 12.

---

**MANUEL DE GALVANOPLASTIE**, ou Éléments d'Électro-Métallurgie, contenant l'art de réduire les métaux à l'aide du fluide galvanique, pour dorer, argenter, platiner, cuivrer, etc.; par M. Smee, ouvrage publié par M. de Valicourt. 1 volume de plus de 500 pages, orné de figures; prix. . . . . . . 3 fr. 50 c.

**MANUEL DE DORURE ET D'ARGENTURE** par la méthode électro-chimique et par simple immersion; par M. Selmi, publié par M. de Valicourt. 1 vol. . . . . . . . . . 1 fr. 75 c.

**MANUEL D'ÉLECTRICITÉ MÉDICALE**, suivi d'un **TRAITÉ SUR LA VISION**; par M. Smee. 1 joli vol. orné de figures. . . 3 fr.

**MANUEL DE TÉLÉGRAPHIE ÉLECTRIQUE**, par M. Walker; ouvrage publié par M. Magnier. 1 vol. orné de figures. 1 fr. 75 c.

**TRAITÉ DE PHOTOGRAPHIE SUR PAPIER**, par M. Blanquart-Évrard. . . . . . . . . . . . . . . . . . 4 fr. 50 c.

**PHOTOGRAPHIE SUR PLAQUES MÉTALLIQUES**, par M. le Baron Gros, in-8. . . . . . . . . . . . . . . 3 fr.

**MANUEL DE PHOTOGRAPHIE**, par M. de Valicourt. 1 vol. orné de figures . . . . . . . . . . . . . . 3 fr. 50 c.

**NOUVEAUX RENSEIGNEMENTS SUR LA PHOTOGRAPHIE SUR PAPIER**, de M. Blanquart-Évrard; par M. de Valicourt . . . . . . . . . . . . . . . . . . . . 1 fr.

**MANUEL DU FABRICANT DE CADRES**, Passe-Partout, Châssis, Encadrement, etc., par M. de Saint-Victor. 1 vol. orné de figures . . . . . . . . . . . . . . . . . 1 fr. 50 c.

**MANIPULATIONS ÉLECTRO-CHIMIQUES** appliquées aux arts et à l'industrie; par M. Brandely. 1 vol. in-8 orné de 6 planches, prix . . . . . . . . . . . . . . . . . . . . 5 fr.

# TRAITÉ

DE

# PHOTOGRAPHIE

## SUR PAPIER

PAR

M. BLANQUART-ÉVRARD
(De Lille)

## AVEC UNE INTRODUCTION

PAR

M. GEORGES VILLE.

PARIS
LIBRAIRIE ENCYCLOPÉDIQUE DE RORET,
RUE HAUTEFEUILLE, 12.

Ch. CHEVALIER, Cour-des-Fontaines, 1 *bis*.
L'ingénieur CHEVALIER, Pont-Neuf, 15.
DURAND, quai des Orfèvres, 60.
MADELAIN, rue Chabannais, 11.
LEREBOURS et SÉCRETAN, Pont-Neuf, 13.
RICHEBOURG, quai de l'Horloge, 69.
ROMIEU, rue Rambuteau, 15.
SOLEIL, rue de l'Odéon, 35.

1851

# ESSAI
## SUR L'HISTOIRE ET LES PROGRÈS
DE LA
## PHOTOGRAPHIE.

La Photographie est une découverte française et l'une des plus intéressantes de notre siècle : elle est l'œuvre de deux hommes connus jusque-là par des travaux estimables, mais d'un ordre secondaire.

L'un d'eux, M. Joseph-Nicéphore Niepce, était un ancien militaire retiré du service. Porté naturellement vers l'étude des sciences, et n'ayant aucune ambition, M. Niepce vivait à la campagne avec sa famille, et consacrait les loisirs que lui laissait une modeste aisance, à des recherches de science appliquée.

Aidé de l'un de ses frères, qui avait en mécanique des connaissances étendues, M. Niepce imagina, en 1806, une machine motrice, dans laquelle l'air brusquement chauffé devait remplacer l'action de la vapeur.

L'autre inventeur de la photographie, M. Louis-Mandé Daguerre, était peintre, et s'occupait de décorations pour les théâtres. Les toiles remarquables qu'il avait composées pour l'Ambigu et pour l'Opéra, lui avaient fait en ce genre une sorte de célébrité. Il avait surtout établi sa réputation par l'invention du *Diorama* : on sait que cette invention consiste à faire succéder sur une même toile, deux scènes entièrement différentes, par de simples artifices d'éclairage.

Il est curieux de savoir par quel concours de circonstances, ces deux hommes, de position si différente, en vinrent à s'occuper tout-à-coup du même sujet, et plus tard à se réunir dans l'intérêt de leurs communes études; par quels tâtonnements ils ont préludé à leur brillante découverte, et quelle part l'historien doit faire à chaque inventeur.

Depuis que M. Daguerre a livré au public le secret de sa découverte, la photographie a fait des progrès importants. La photographie sur papier a pris un développement sur lequel on ne comptait pas, déjà elle l'emporte sur le daguerréotype, et tout porte à croire que l'avenir lui appartient.

L'espoir de fixer la couleur des objets sur les épreuves, n'est pas un rêve dénué de fondement. Les essais qu'on a tentés dans cette direction ont prouvé d'une manière certaine que ce problème aura bientôt reçu une solution.

Jusqu'à présent l'art a trop dédaigné la photographie, et la photographie, de son côté, n'a pas su profiter des bons avis que l'art aurait pu lui donner. L'art a négligé, dans la photographie, un moyen d'étude auquel il me paraît difficile de suppléer; et la photographie s'est enfermée trop exclusivement dans le cercle de ses procédés, oubliant que les produits obtenus à leur aide n'avaient de valeur véritable, qu'à la condition de ne pas choquer le goût, que l'art a précisément pour but d'éclairer et de satisfaire.

Je serai heureux, si cet essai sur l'*Histoire et les progrès de la Photographie* pouvait jeter quelques lumières sur toutes ces questions, et faire prévaloir dans la pratique, des préceptes qu'on a trop souvent méconnus.

## PHOTOGRAPHIE SUR PLAQUE.

### I.

Vers la fin du quinzième siècle, Léonard de Vinci, le doyen des peintres de la Renaissance, qui fut aussi un grand physicien, découvrit le principe de la chambre noire, et jeta les premiers fondements de la théorie physique de la vision.

Un siècle plus tard, Porta, physicien napolitain, revint sur le même sujet; il apporta d'utiles améliorations à la chambre noire de Léonard, et enrichit la science, de l'instrument qui devait un jour donner naissance à la Photographie.

## II.

Lorsqu'on perce un petit trou dans le volet d'une fenêtre, tous les objets extérieurs viennent se peindre d'eux-mêmes sur le mur de la chambre qui lui fait face, en conservant leur rapport de grandeur et de position, et même leurs couleurs.

On rend l'expérience plus complète, si on place dans le trou du volet un de ces verres bi-convexes, que les physiciens appellent une lentille.

Dans le premier cas, l'image n'était pas exempte d'un peu de confusion, et dans le second cas, au contraire, elle acquiert une netteté admirable.

L'idée d'appliquer la lentille à ce nouvel usage est due à Porta.

## III.

Le chlorure d'argent, que les alchimistes appelaient *lune cornée*, est une poudre blanche qui se forme lorsqu'on verse une dissolution de sel marin dans une dissolution de nitrate d'argent.

Le chlorure d'argent jouit d'une propriété singulière : au

moment où il vient d'être préparé, il est blanc, mais il ne conserve sa blancheur que dans l'obscurité. Si on l'expose à la lumière il noircit, et il noircit d'autant plus vite, que la lumière a plus d'intensité. Il résulte de cette propriété, que si on couvre une feuille de papier d'une couche de chlorure d'argent, et qu'on l'expose au foyer d'une chambre noire, elle reproduit dans ses moindres détails l'image qui tombe à sa surface ; les parties vivement éclairées de l'image étant accusées par des noirs puissants, et les demi-teintes par des gris plus ou moins foncés.

Ces deux actions : la formation de l'image par la chambre noire, et l'impression de cette image, au moyen du chlorure d'argent, résument toute la science de la Photographie.

## IV.

L'idée de mettre à profit la propriété que possède le chlorure d'argent, de noircir à la lumière, pour copier des dessins, et fixer l'image de la chambre noire, n'est pas venue pour la première fois à MM. Niepce et Daguerre.

Déjà, Charles, physicien français, l'employait dans les cours qu'il faisait au Louvre, il y a plus d'un demi-siècle, pour produire des silhouettes au moyen de la lumière.

Wedgood, le Palissy de l'Angleterre, l'avait employé de son côté pour copier des vitraux d'église, et sir Humphrey

Davy, pour fixer l'image de la chambre noire; mais aucune de ces tentatives n'a produit de résultats importants, et jusqu'à la découverte de MM. Niepce et Daguerre, nous ne trouvons rien, absolument rien, dans les Annales de la science, qui ait pu guider ces deux physiciens dans leurs recherches, et qui doive diminuer à nos yeux le mérite d'avoir réussi.

Les travaux et le rôle respectifs de M. Niepce et de M. Daguerre, dans la découverte de la Photographie, sont très-nettement établis.

M. Niepce a, le premier, trouvé le moyen de fixer par l'action chimique de la lumière, l'image des objets extérieurs; M. Daguerre a perfectionné les procédés photographiques de Niepce et a découvert dans son ensemble la méthode générale actuellement en usage.

## V.

Dans le mois de décembre de l'année 1827, M. Niepce présenta à la société royale de Londres, un mémoire sur le moyen de reproduire des dessins par la seule action de la lumière.

Les procédés de M. Niepce étaient fondés sur la propriété que possède le bitume de Judée, d'être modifié par la lumière, au point de devenir presque insoluble dans l'huile essentielle de lavande. Voici, d'ailleurs, comment opérait M. Niepce :

Il faisait dissoudre du bitume de Judée sec, dans de l'huile de lavande; il concentrait à une douce chaleur la dissolution, et obtenait de la sorte un vernis épais, qu'il étendait par tamponnement sur des plaques de métal poli. Après beaucoup d'essais, M. Niepce avait donné la préférence aux plaques de cuivre argenté.

Une plaque ainsi préparée était placée au foyer d'une chambre noire, puis passée dans un mélange d'huile de lavande et de pétrole.

Dans ce mélange la plaque éprouvait une modification remarquable. Toutes les parties de l'enduit résineux, que la lumière n'avait pas altérées, se dissolvaient avec la plus grande facilité. Celles, au contraire, que la lumière avait impressionnées, résistaient à l'action dissolvante des huiles essentielles.

Ainsi, on pouvait former une image à la surface d'une plaque de métal, et cette image était produite par la lumière.

Dans ces sortes d'images, les clairs étaient produits par la couche de bitume qui avait résisté à l'action des huiles essentielles, et les noirs par les reflets plus sombres de la surface même du métal.

Dès l'année 1827, M. Niepce était donc en possession d'une méthode complète pour fixer l'image de la chambre noire.

Ainsi, sans autres ressources que celles qu'il pouvait puiser dans son esprit d'invention, ou dans ses connaissances acquises, M. Niepce a résolu un problème qui avait défié la sagacité de

Wedgood et le génie si fécond et si pénétrant de sir Humphrey Davy.

Pour être juste, cependant, nous devons reconnaître que la méthode de M. Niepce donne difficilement de bons résultats, et qu'elle est d'une application plus qu'incertaine.

## VI.

A l'époque où M. Niepce entretenait la société royale de Londres de ses premiers essais de photographie, il y avait à Paris un homme que le genre tout spécial de ses connaissances et la nature de ses occupations avaient conduit à s'occuper du même sujet : c'était M. Daguerre.

Peintre habile, il était avantageusement connu des artistes ; mais s'il méditait depuis longtemps sur le moyen de fixer l'image de la chambre noire, il est certain qu'à l'époque où M. Niepce avait résolu ce difficile problème, ses recherches n'avaient obtenu aucun résultat.

En rappelant les titres de M. Niepce à la découverte de la Photographie, nous ne voulons point diminuer le mérite des travaux de M. Daguerre, ni nous associer aux attaques qu'on dirige contre lui depuis quelque temps, mais simplement rester fidèle à notre rôle d'historien, et faire à chacun la part qui lui est due.

## VII.

En 1826, un an avant que M. Niepce n'occupât la société royale de Londres de ses travaux sur la Photographie, M. Daguerre apprit un jour d'un opticien de Paris, ami et confident de M. Niepce, que celui-ci savait fixer l'image de la chambre noire. M. Daguerre s'empressa aussitôt d'écrire à l'inventeur, pour se mettre en rapport avec lui, et dès ce moment une correspondance active s'établit entre les deux physiciens. Elle dura quatre ans. Au bout de ce temps, M. Niepce proposa à M. Daguerre de s'associer à lui pour s'occuper en commun des perfectionnements que réclamait son invention. Un traité fut conclu entre eux à Châlons le 14 décembre 1829, et après la signature de l'acte, M. Niepce communiqua à M. Daguerre tous les faits relatifs à ses procédés photographiques.

## VIII.

Une fois en possession du secret de M. Niepce, M. Daguerre s'appliqua, sans relâche, à le perfectionner, il remplaça le bitume de Judée, par la résine qu'on obtient en distillant l'huile essentielle de lavande, matière qui jouit d'une plus grande sensibilité lumineuse ; puis, au lieu de laver l'épreuve dans un mélange d'huile essentielle, il l'exposait à l'action de la vapeur dégagée spontanément par l'essence de lavande à la température ordinaire. La vapeur laissait intactes les parties de l'enduit résineux frappées par la lumière, elle se condensait au contraire sur les parties restées dans l'ombre. Ainsi, le métal n'était mis à nu nulle part. Les clairs étaient représentés par la résine blanchie, et les ombres par la résine rendue diaphane, au moyen de la vapeur de l'huile essentielle.

## IX.

Le procédé de M. Daguerre était un progrès sur celui de M. Niepce, non-seulement sous le rapport de la célérité, qui était plus grande, mais sous celui de la méthode, qui est bien mieux entendue.

Au lieu d'attaquer la plaque par un bain, et d'exposer l'image à toutes les chances de destruction qui peuvent résulter d'une action dissolvante trop vive, M. Daguerre avait recours à une vapeur dont l'opérateur peut toujours modérer l'action.

Nous insistons sur ce point, car, selon nous, ce procédé contient, en germe, celui auquel M. Daguerre devait être conduit plus tard et qui a résolu d'une manière si complète le problème de la photographie.

## X.

Dès le début de ses recherches, M. Niepce avait eu l'idée de renforcer les clairs de l'épreuve, qui étaient formés, dans son système, par une simple surface de métal poli, en attaquant celui-ci par un sulfure ou par de l'iode. Or, il arriva un jour qu'une cuillère laissée par mégarde sur une plaque d'argent iodée, y marqua son empreinte, sous l'influence de la lumière ambiante. Cet enseignement ne fut pas perdu : aux matières résineuses, M. Daguerre substitua les vapeurs d'iode; aux huiles essentielles, la vapeur de mercure, et ainsi fut réalisé le rêve qui avait rempli la vie du pauvre Niepce, mort à la peine, et mort trop tôt pour partager avec M. Daguerre l'honneur et les bénéfices qui lui étaient dus.

## XI.

La découverte de M. Daguerre était complète : le moyen de fixer l'image de la chambre noire était trouvé. Un quart-d'heure suffisait pour y parvenir. Les procédés étaient simples, faciles, accessibles aux mains les moins expérimentées. Aussi, l'enthousiasme fut-il grand, non-seulement en France, mais dans toute l'Europe, lorsque M. Arago vint annoncer ce résultat à l'Académie des sciences. Il faut lire, comme nous venons de le faire, les journaux de cette époque pour se faire une idée de l'étonnement, puis de l'admiration avec lesquels on accueillit la découverte du savant français.

## XII.

Tout le monde connaît aujourd'hui le procédé de M. Daguerre; il se compose de trois opérations principales.

On commence par exposer une plaque de cuivre argenté, aux vapeurs que l'iode dégage spontanément à la température ordinaire. Lorsque la plaque a pris une couleur jaune d'or, on l'expose au foyer de la chambre noire. Au sortir de la chambre, la plaque est soumise à l'action des vapeurs de mercure. Sous l'influence de cette vapeur, la plaque change tout-à-coup d'aspect, et c'est un spectacle bien digne d'exciter l'admiration, que l'apparition immédiate d'une image dont un instant auparavant personne n'eût soupçonné l'existence.

Cet effet remarquable est le résultat de la condensation inégale des vapeurs de mercure sur la plaque de métal.

En effet, des gouttelettes de mercure viennent se condenser uniquement sur les parties que la lumière a frappées; les parties restées dans l'ombre n'éprouvent aucun changement. Il résulte de cet effet curieux, que les parties éclairées sont accusées sur la plaque par un vernis de mercure, et les autres par la surface de l'argent non impressionnée.

## XIII.

Les épreuves obtenues par les procédés de M. Daguerre, bien que remarquables sous plus d'un rapport, avaient cependant un assez grand nombre de défauts qui en diminuaient la valeur sous le rapport de l'art. Elles offraient un miroitage des plus désagréables, et le plus ordinairement le dessin n'était visible que sous une incidence déterminée.

Et, pour obtenir une semblable épreuve, il fallait au moins un quart-d'heure, condition qui rendait la reproduction des objets animés absolument impossible.

Aujourd'hui, toutes ces difficultés ont disparu. Le portrait est d'une exécution facile et presque instantanée, et les épreuves ont une chaleur de ton, un modelé, une harmonie dans les masses, et une finesse dans les détails, dont les épreuves de l'inventeur étaient absolument dépourvues.

La facilité merveilleuse avec laquelle on obtient aujourd'hui des épreuves daguerriennes irréprochables sous tous les rapports, tient aux nouvelles dispositions qu'on a données à l'objectif de la chambre noire, et à l'emploi des matières accélératrices.

## XIV.

A l'époque où M. Daguerre publiait ses procédés photographiques, on ne connaissait que la chambre noire à un seul objectif. Les images qu'on obtenait dans ces conditions étaient faiblement éclairées et d'une impression difficile. En opérant à une lumière très-vive, en plein soleil, il fallait au moins un quart-d'heure pour obtenir une image passable, condition qui excluait le portrait, et rendait bien difficile la reproduction de la nature animée.

En combinant ensemble deux objectifs achromatisés,

M. Charles Chevalier, opticien à Paris, réduisit la durée de l'exposition à deux ou trois minutes, et M. Claudet à quelques fractions de seconde, par sa découverte des matières accélératrices.

Dans le double objectif de M. Charles Chevalier, les lentilles sont combinées pour opérer sans diaphragme, et à de très-courts foyers. De cette manière, on condense beaucoup de lumière sur la surface de la plaque, et l'impression de l'image se fait beaucoup plus vite. Un autre avantage du double objectif, c'est de rendre le foyer variable, au gré de l'opérateur, sans déformer l'image.

## XV.

Lorsqu'une plaque a été passée à l'iode, si on l'expose à la vapeur qui se dégage spontanément d'une dissolution aqueuse de brôme, cette plaque acquiert une sensibilité lumineuse extraordinaire. Ce n'est plus par minutes qu'il faut compter pour la durée de l'exposition dans la chambre noire, mais par secondes et fractions de seconde.

Beaucoup de corps partagent avec le brôme la faculté d'augmenter la sensibilité de l'iodure d'argent : le chlore, l'acide chloreux, le chlorure de brôme, le brômoforme, le chlorure de soufre, etc., peuvent être employés comme agents accélérateurs, et remplacer au besoin le brôme lui-même.

## XVI.

Lorsque l'épreuve a été passée au mercure, il reste encore à la débarrasser de l'excès d'iode qui en couvre la surface, partout où la lumière n'a pas produit d'action, puis enfin, à fixer l'image pour la soustraire à l'action destructive des agents extérieurs, et lui communiquer une solidité capable de résister au frottement.

Pour la débarrasser de l'iode, il suffit de passer l'épreuve dans un bain d'hyposulfite de soude. Ce sel jouit de la propriété de dissoudre l'iodure d'argent avec la plus grande facilité. Reste ensuite à fixer l'image. Pour y parvenir, il suffit de verser à la surface de l'épreuve une dissolution de chlorure d'or mêlée à de l'hyposulfite de soude, et de chauffer légèrement. La plaque se couvre alors d'un mince vernis d'or métallique. Cette opération, si simple en elle-même, est cependant le complément le plus utile de la découverte de M. Daguerre. Elle a permis en effet de rehausser à un degré remarquable le ton général des dessins photographiques, de bannir presqu'entièrement le miroitage, et de communiquer à l'épreuve une grande solidité.

Cette intéressante découverte est due à M. Fizeau.

## PHOTOGRAPHIE SUR PAPIER.

### I.

En 1834, bien avant que M. Daguerre fût en possession de la méthode qui devait donner un jour une si grande popularité à son nom, M. Talbot, physicien anglais, avait découvert le moyen de fixer l'image de la chambre noire, non point à la surface d'une plaque de métal, mais sur une feuille de papier. Et non-seulement M. Talbot obtenait une reproduction fidèle de l'image de la chambre noire, mais il multipliait indéfiniment la première épreuve, et se servait de celle-ci comme d'une véritable planche gravée.

D'où vient qu'en possession d'une découverte si importante, M. Talbot ait gardé si longtemps le silence et se soit laissé ravir les honneurs d'avoir fondé la photographie?

C'est que la méthode de M. Talbot est d'une pratique difficile, et son savant auteur, qui en sentait mieux que personne les imperfections, voulait, avant de la livrer au public, lui donner la sûreté et la facilité d'exécution qu'elle a reçues depuis des travaux de M. Blanquart-Evrard et de quelques autres physiciens.

Pour comprendre le mérite de la découverte de M. Talbot et en apprécier toute la fécondité, nous avons besoin de revenir sur les notions générales que nous avons présentées en commençant, afin de bien préciser ce qu'on doit entendre par épreuves *négative* et *positive*.

## II.

On sait que le chlorure et l'iodure d'argent noircissent à la lumière. Plus la lumière est vive, et plus l'action se manifeste rapidement. Il en résulte que si on couvre une feuille de papier d'une couche d'iodure d'argent, et qu'on place cette feuille de papier au foyer d'une chambre noire, la lumière agissant sur l'iodure d'argent comme le ferait un crayon sur une feuille de papier blanc, doit produire un véritable dessin.

Entre ces deux dessins, il y a cependant une différence fondamentale, que quelques mots suffiront à faire comprendre, et qu'il est très-important de ne pas perdre de vue.

Les parties claires des objets extérieurs réfléchissant plus de lumière que les parties colorées, les parties éclairées plus que les parties placées dans l'ombre, il en résulte que les clairs et les lumières, c'est-à-dire les blancs de ces mêmes objets seront représentés en noir dans le dessin photographique.

Ainsi, si on place un jeu de dames devant l'objectif d'une chambre noire, les carrés blancs du jeu de dames seront accusés en noir, et les carrés noirs en gris, vu que les carrés noirs ayant réfléchi moins de lumière que les carrés blancs, ont dû produire une action réductive plus faible sur le sel d'argent qui couvre toute la surface du papier.

Le même phénomène se produit également dans la photographie sur plaque. Les blancs des objets sont accusés en noir sur la plaque comme sur le papier, et les vapeurs de mercure, en venant se condenser à la surface de tous les points noirs, changent leur couleur en blanc, et ont précisément pour effet de rendre l'image naturelle. Dans le premier cas, on la disait l'image *inverse* ou *négative*, et dans le second on l'appelle *directe* ou *positive*. Après les développements dans lesquels nous venons d'entrer, ces mots s'entendent d'eux-mêmes.

## III.

Dans la photographie sur papier, on ne soumet pas les épreuves aux vapeurs de mercure. On a recours à un autre procédé pour redresser l'image, et faire correspondre chaque nuance de l'épreuve à celle du modèle. On obtient ce résultat en plaçant sous l'épreuve, qui a passé à la chambre noire, une seconde feuille de papier recouverte, elle aussi, d'un sel d'argent capable de noircir par l'action de la lumière. Les deux feuilles étant fortement comprimées l'une contre l'autre au moyen d'un châssis garni de deux glaces, on expose le tout au soleil. L'effet qui se produit est facile à comprendre.

L'épreuve négative dans laquelle les blancs du modèle sont

représentés par des noirs, est placée en dessus. Pour atteindre la seconde feuille de papier, il faut donc que la lumière traverse l'épreuve négative. Or, comme la lumière passe plus facilement à travers les parties blanches du papier qu'à travers les parties colorées, il en résulte que dans la seconde épreuve, les parties colorées de la première sont reproduites en blanc, et les parties blanches en noir. La conséquence finale est donc une épreuve inverse de la première, et dans laquelle, par conséquent, les lumières et les ombres correspondent aux parties éclairées et ombrées du modèle.

## IV.

Le chlorure ou l'iodure d'argent employés seuls n'auraient pas une sensibilité suffisante pour qu'on pût à leur aide, et sans le secours d'aucune autre matière, obtenir de bonnes épreuves. Aussi le mérite de M. Talbot est-il d'avoir découvert un corps, l'acide gallique, qui agit sur le papier recouvert d'iodure ou de chlorure d'argent, comme les vapeurs de brôme agissent, d'après l'intéressante remarque de M. Claudet, sur les plaques iodées.

Pour obtenir une épreuve, voici comment procédait M. Talbot :

Il étendait sur la surface d'une feuille de papier, au moyen d'un pinceau, une couche de nitrate d'argent dissous dans l'eau distillée, puis une couche d'iodure de potassium également dissous dans l'eau. Le mélange de ces deux couches produisait de l'iodure d'argent.

Lorsque le papier était sec, il étendait une troisième couche d'un liquide nouveau, obtenu, en mêlant à la première dissolution de nitrate d'argent, une certaine quantité d'acide gallique et d'acide acétique.

Le papier était alors prêt à recevoir l'impression lumineuse. Après une exposition, qui variait entre 10 et 15 minutes, on retirait le papier de la chambre noire. On le mouillait encore une fois avec la dissolution de gallo-nitrate d'argent, et sous l'influence de cette dissolution, l'image apparaissait tout-à-coup, comme sur les plaques iodées de M. Daguerre, lorsqu'on les expose à la vapeur du mercure.

Toutes ces opérations doivent se faire dans l'obscurité.

Lorsque l'image, sous l'influence de l'acide gallique, s'est détachée sur le fond du papier, comme une sépia tracée par un invisible pinceau, il faut la fixer, c'est-à-dire enlever à l'épreuve l'excès de sel d'argent sur lequel la lumière n'a pas agi.

Pour cela il suffit de faire séjourner l'épreuve dans un bain d'hyposulfite de soude ou de brômure de potassium.

Ces deux corps jouissent de la propriété de dissoudre le chlorure et l'iodure d'argent que la lumière n'a pas impressionnés, et nous verrons bientôt quel parti on a tiré de cette propriété pour varier le caractère des épreuves.

Enfin, lorsqu'on avait obtenu pour prix de plusieurs heures d'efforts et de soins de toute sorte, une épreuve négative passable, il fallait s'occuper de l'épreuve positive, et recommencer toute la série d'opérations que nous venons de décrire.

Lorsque M. Talbot adressa à l'Académie des Sciences la description détaillée de sa méthode, personne ou à peu près ne s'y arrêta. On fut effrayé de la complication du procédé : les épreuves que M. Talbot présentait à l'appui de sa communication étaient loin de rivaliser avec les épreuves de M. Daguerre. Quelques personnes essayèrent de répéter les procédés du physicien anglais. Divers essais infructueux firent croire que M. Talbot n'avait dit son secret qu'à moitié, et peu à peu la photographie sur papier tomba dans l'oubli.

## V.

Pendant que le daguerréotype continuait d'occuper tous les esprits et faisait chaque jour de nouveaux progrès, un amateur de peinture, placé à la tête d'une riche maison de commerce de Lille, s'occupait, dans ses moments de loisir, de donner à la méthode de M. Talbot toute la simplicité qui devait en faire, quelques années plus tard, une des découvertes les plus intéressantes de notre temps.

Tout le monde a compris que nous voulons parler de M. Blanquart-Evrard.

M. Blanquart n'a pas découvert la photographie; lui-même ne l'a jamais prétendu, comme on lui en a faussement attribué l'intention, mais ne pouvant la découvrir, il l'a transformée, et tous les progrès que la découverte de M. Talbot a faits depuis la publication de l'inventeur, sont liés de près ou de loin aux travaux de M. Blanquart.

Dans la méthode de M. Talbot, l'image était formée par la réduction d'une couche légère et toute superficielle d'iodure d'argent.

M. Talbot étendait au pinceau la liqueur photogénique, opération qui avait pour conséquence de rendre les papiers inégalement sensibles dans les différentes parties de leur surface.

En suivant à la lettre la méthode de M. Talbot, on réussissait à peine trois ou quatre épreuves sur quarante.

La durée de l'exposition était trop longue pour qu'on pût songer au portrait.

L'acide gallique, employé comme le proposait M. Talbot, donnait lieu à des accidents sans fin, qui compromettaient les épreuves. En effet, l'acide gallique était mêlé à l'acéto-nitrate d'argent et employé en cet état. Or, ce mélange s'altère avec une si grande facilité, qu'il était bien rare qu'une épreuve fût achevée sans qu'il se produisît de taches.

Les épreuves de M. Talbot, résultant d'une réduction toute superficielle d'iodure d'argent, manquaient de vigueur, la succession des plans n'était pas accusée, les demi-teintes manquaient complètement. Il n'y avait pas de dégradation dans le passage des lumières aux ombres. De plus, le dessin n'ayant pas de profondeur, manquait de solidité, et il n'était pas rare qu'une épreuve fût complètement effacée deux ou trois ans après sa préparation.

## VI.

Les travaux de M. Blanquart, dont la publication commence en 1847 et se continue jusqu'à nos jours, sans interruption, peuvent se diviser en trois grandes séries, dont chacune marque un progrès nouveau.

La première série des travaux de M. Blanquart comprend tous ceux dans lesquels il s'est proposé de donner aux réactions chimiques, dont l'effet final est la production de l'image, une certitude et une simplicité dont elles étaient absolument dépourvues.

Dans la seconde, M. Blanquart, laissant de côté les procédés opératoires, s'attache davantage à produire des effets d'art, et s'efforce de ramener ces effets à des procédés bien définis et invariables.

Enfin, dans la troisième, M. Blanquart ne s'occupe que des applications auxquelles la photographie peut donner lieu, et il s'efforce de faire de cette belle découverte, un auxiliaire de l'industrie.

## VII.

Le procédé général que recommande M. Blanquart pour la préparation des papiers, consiste à déposer chaque feuille sur deux bains successifs d'iodure de potassium et de nitrate d'argent. Ce contact prolongé sur le bain a pour effet d'imprégner profondément le papier des éléments photogéniques. Puis, au lieu d'employer l'acide gallique mêlé à l'acéto-nitrate d'argent, M. Blanquart l'emploie en bain saturé, dans lequel il plonge l'épreuve, en la sortant de la chambre noire.

En imprégnant profondément les papiers, on donne aux épreuves une vigueur de ton, une solidité et un relief dont elles étaient absolument dépourvues.

Les bains d'acide gallique ont de plus l'avantage de faire paraître l'image sans tacher le papier de l'épreuve.

En préparant le papier par immersion, on étend sur chaque feuille une couche photogénique d'une égale épaisseur, et cette épaisseur se conserve la même sur toutes les feuilles.

Enfin, sous le rapport de l'art, les épreuves obtenues par la méthode de M. Blanquart l'emportent beaucoup sur celles de M. Talbot. Les masses sont mieux accusées, le passage des lumières aux ombres se fait par des transitions plus ménagées. L'air circule dans le dessin, et on a bien un tableau sous les yeux.

## VIII.

Après avoir reconnu la condition essentielle pour régler les réactions chimiques et obtenir avec certitude de belles épreuves, M. Blanquart a porté ses vues d'un autre côté.

Persuadé que les résultats défectueux qu'on attribuait à l'insuffisance de la photographie, tenaient le plus souvent au défaut de goût de la part des opérateurs, M. Blanquart s'est demandé quelles étaient les règles qu'il fallait observer pour obtenir de belles épreuves, harmonieuses dans leur ensemble, exactes, sans sécheresse, et telles enfin qu'un artiste les pouvait désirer.

Dans l'image qui se forme au foyer d'une chambre noire, les parties qui occupent les premiers plans sont toujours amplifiées par rapport aux plans les plus éloignés, et il y a souvent défaut de proportion. Or, comme dans un tableau il y a toujours un sujet principal et des accessoires, M. Blanquart pose en principe qu'il faut sacrifier les accessoires au sujet principal, et faire de celui-ci le plan principal du tableau.

Dans un portrait, le plan principal sera la figure. Un opérateur intelligent et doué de quelque goût devra donc, lorsqu'il exécutera un portrait, se préoccuper de rendre la figure sans lui faire subir de déformation. Cette condition une fois remplie, il devra considérer le plan de la figure comme le plan principal du tableau, et rapprocher autant que possible toutes les autres parties du corps de ce plan. En procédant de cette manière, on obtient des épreuves exactes, correctes, et d'une grande harmonie.

Aussi, dans les portraits, doit-on éviter avec le plus grand soin toutes les poses dans lesquelles une partie du corps est trop en saillie sur le plan de la figure.

## IX.

Après avoir posé la règle qu'il faut suivre en ce qui concerne l'arrangement et la disposition du tableau, M. Blanquart se demande s'il est indifférent de donner indistinctement toute espèce de teinte à une épreuve. Poser une telle question, c'est la résoudre. Il est évident que si la photographie peut disposer avec certitude d'un certain nombre de teintes, il y en aura toujours une parmi celles-ci qui sera mieux appropriée à un sujet donné que toutes les autres.

Il s'agit donc de savoir comment on peut varier à volonté la teinte d'une épreuve, la renforcer ou l'affaiblir.

## X.

J'ai dit en commençant qu'on fixait l'épreuve au moyen de l'hyposulfite de soude, et je rappelle que ce sel fixe l'image, parce qu'il dissout le chlorure d'argent sur lequel la lumière n'a pas agi dans la chambre noire.

Or, qui se douterait que par l'action seule du bain d'hyposulfite on peut varier à l'infini le caractère général d'une épreuve, en changer totalement la coloration, renforcer les ombres, donner plus d'éclat aux lumières, et amener dans le dessin une finesse de ton d'une délicatesse incomparable.

Ainsi, un bain d'hyposulfite sans addition d'aucune antre matière, donne de la sécheresse, et convient parfaitement aux paysages où il s'agit de reproduire une nature aride et désolée.

Veut-on donner plus de puissance aux ombres, sans affaiblir les lumières, et à toute l'épreuve le ton noir d'une sépia? Rien n'est plus facile: il suffit d'ajouter au bain quelques cristaux de nitrate d'argent, ou un peu d'acide acétique cristallisable.

Avec le nitrate d'argent, le papier de l'épreuve prend la teinte jaune du papier de chine, et avec l'acide acétique il conserve toute sa blancheur, ce qui établit encore, entre ces deux épreuves, une différence intéressante sous le rapport de l'art.

En ajoutant au bain d'hyposulfite, quelques gouttes d'ammoniaque, l'effet change complètement.

L'épreuve passe au rouge. Elle prend l'aspect d'une sépia de Rome. Ces genres de bains sont particulièrement propres à rendre les tons chauds.

Enfin, suivant qu'on emploie tous ces bains, concentrés ou étendus d'eau, préparés depuis longtemps et ayant déjà servi, ou préparés au moment de les employer et servant pour la première fois, on obtient encore des effets différents, mais constants et invariables pour chaque espèce de bain; ce qui fait de chaque bain comme une espèce de glacis différent, qui modifie l'aspect général de l'épreuve et lui donne un caractère à part.

Par les détails dans lesquels je viens d'entrer, on voit quel charme la photographie doit offrir à celui qui sait tirer parti de l'action différente des bains.

La photographie n'est plus une expérience de physique, dont les résultats sont invariables et indépendants de l'opérateur. Désormais le goût et le sentiment concourront à les compléter.

## XI.

Après avoir découvert les conditions qui assurent la bonne venue des épreuves, et qui consiste, comme on sait, à faire pénétrer la dissolution d'argent dans l'intérieur du papier, M. Blanquart s'est occupé de la photographie en artiste, et sous ce rapport il a posé quelques règles, dont on ne s'écartera jamais en vain.

Après avoir rendu ainsi la photographie usuelle, et avoir

fait de ses produits de véritables objets d'art, M. Blanquart vient de compléter son œuvre, en mettant la photographie au service de l'industrie.

On produira désormais des épreuves photographiques avec autant de facilité que des lithographies et des gravures, et le moment n'est pas loin où la librairie illustrera ses plus beaux ouvrages avec des photographies.

Quel intérêt n'auront pas de telles publications lorsqu'il s'agira de voyages ou d'explorations scientifiques !

Avec une épreuve photographique, on peut suivre pas à pas l'historien ou le voyageur, ayant constamment sous les yeux un moyen de contrôle pour vérifier l'exactitude de ses assertions.

Ce nouveau résultat est dû encore aux efforts et à la sagacité persévérante de M. Blanquart.

## XII.

Dans la préparation des épreuves négatives, on se sert de l'acide gallique pour rendre l'image apparente.

Au moment où on sort l'épreuve de la chambre noire, on n'aperçoit pas trace d'image, cependant cette image existe bien réellement puisqu'il suffit de plonger l'épreuve dans un bain d'acide gallique pour qu'elle apparaisse aussitôt.

On peut comparer l'action que l'acide gallique exerce dans ce cas, à celle des vapeurs de mercure dans le daguerréotype: l'un et l'autre, bien que par une action différente, ont du moins ce résultat commun, de rendre l'image apparente et de la faire sortir comme par enchantement d'une surface où l'œil n'en apercevait pas la plus légère trace.

Avant M. Talbot, on avait essayé de fixer l'image de la chambre noire, au moyen du chlorure d'argent, que la lumière a la propriété de noircir, mais l'on ne réussissait pas, parce que cette action est lente, et que des accidents avaient détruit le dessin avant son entière formation.

Du chlorure d'argent, qui est parfaitement blanc, mais que la lumière a touché, noircit immédiatement, si on le met en contact avec de l'acide gallique. Il en résulte que l'acide gallique agit ici comme le ferait la lumière elle-même, si son action avait été prolongée un temps suffisant.

## XIII.

Dans la préparation des épreuves positives, par les méthodes actuellement en usage, on se servait uniquement de la lumière pour colorer l'épreuve, ce procédé avait l'inconvénient d'être long et subordonné à l'état du temps: par un temps pluvieux il est impossible de faire une bonne épreuve positive.

Au moyen de l'acide gallique, M. Blanquart évite tous ces inconvénients, il traite l'épreuve positive exactement comme on le fait pour une épreuve négative lorsqu'on la sort de la chambre noire. Après avoir exposé l'épreuve à la lumière, pendant une minute ou une demi-minute, et bien que le papier soit parfaitement blanc et ne décèle pas la plus légère trace d'image, M. Blanquart rend cette image apparente instantanément au moyen de l'acide gallique; ce que l'on demandait à l'action longtemps prolongée de la lumière, M. Blanquart le produit au moyen de l'acide gallique, et avec bien moins de peine.

## XIV.

Dans l'état actuel de la photographie, on ne peut pas obtenir de la même épreuve négative plus de trois ou quatre épreuves positives par jour. Avec le nouveau procédé de M. Blanquart, on peut élever ce nombre à trois ou quatre cents, de manière que dans une usine où 30 ou 40 épreuves négatives fonctionneraient journellement, on pourrait facilement produire 5 à 6 mille épreuves positives, qui seraient livrables le jour même, à un prix très-modique.

On peut donc dire sans exagération, que l'industrie photographique est désormais un fait accompli, et que ce fait important est encore l'œuvre de M. Blanquart.

## XV.

Outre la photographie sur métal et sur papier, il y a encore la photographie sur verre. Cette branche importante de la photographie a été fondée par M. Niepce de St-Victor, neveu du premier inventeur.

Pour obtenir une épreuve sur verre, on étend à la surface d'une plaque de verre une couche d'albumine, sur laquelle on fait agir les mêmes réactifs que sur le papier.

Le grand avantage de la photographie sur verre, c'est de fournir des épreuves négatives plus résistantes que les épreuves sur papier et d'un meilleur usage. Pour les applications de la photographie à l'industrie, les épreuves négatives sur verre seront d'une grande utilité.

### DE LA PHOTOGRAPHIE SUR PAPIER COMPARÉE A LA PHOTOGRAPHIE SUR MÉTAL.

Dans la photographie sur métal, l'épreuve est un type unique, qu'il est impossible de reproduire, et dont la jouissance est exclusivement réservée à un petit nombre de personnes.

Les épreuves sur plaques ont un aspect miroitant, désagréable, qu'on a trouvé le moyen d'affaiblir dans ces derniers temps, mais qui existe encore d'une manière assez prononcée.

Dans la photographie sur métal, l'épreuve a un caractère invariable, et qu'il n'est pas au pouvoir de l'opérateur de changer.

Sous tous ces rapports, la photographie sur papier l'emporte de beaucoup sur la photographie sur métal.

Avec la photographie sur papier, les épreuves sont multipliées à l'infini, le miroitage n'existe plus, et l'opérateur peut varier à son gré le caractère des épreuves.

Dans la photographie sur métal, l'opérateur est enfermé dans un cercle étroit de procédés dont il ne peut sortir, et dont l'observation la plus stricte lui est imposée, sous peine d'un insuccès sans retour.

Dans la photographie sur papier, l'opérateur a des allures plus libres : les productions lui appartiennent plus en propre, son art n'est pas une formule aride et sèche comme toutes les formules, mais un ensemble de procédés dont l'application n'est pas aussi absolue.

Si une image est trop faible, dans la photographie sur métal, le mal est irréparable, et l'épreuve restera toujours trop faible.

Dans la photographie sur papier, rien ne s'oppose à ce

qu'on la renforce, un bain d'acide gallique nitraté en donne immédiatement le moyen.

Dans la photographie sur papier, l'opérateur est un artiste au même titre que le graveur, dont le travail se rapproche, sous quelques rapports, de la photographie.

En effet, le graveur, pour former le trait de sa planche, commence par copier un dessin; mais la copie faite, il a recours à des mordants pour la compléter, et au moyen de ces mordants, d'une œuvre qui n'était que la copie de l'œuvre d'un autre, il a fait une œuvre qui est à lui.

Dans la photographie sur papier, l'opérateur procède exactement comme le graveur. L'épreuve qui sort de la chambre noire lui sert de canevas, comme au premier le dessin de sa planche, et au moyen de bains judicieusement choisis, il fait naître une image dont les lignes et les plans lui étaient imposés, mais qu'il interprète de manière à faire un tableau vague ou léger, ferme ou vigoureux, au gré de son sentiment d'artiste.

Sous le rapport de la variété des effets, et de la liberté laissée à l'opérateur, la photographie sur papier l'emporte donc sur la photographie sur métal; mais l'avantage reste à cette dernière lorsqu'il s'agit de la vigueur du trait, de sa netteté et de la dégradation admirable des lumières.

— XXXIX —

## DE LA PHOTOGRAPHIE CONSIDÉRÉE DANS SES RAPPORTS AVEC L'ART.

La photographie doit exercer sur les progrès de l'art une influence considérable, et dont il est facile de se rendre compte.

Dans une œuvre d'art, il y a deux choses unies et distinctes, l'idée et l'exécution.

Dans un tableau, l'idée, c'est la conception du tableau, et l'exécution, cette conception exprimée au moyen du dessin et de la couleur.

Ainsi, l'art mène à l'expression par la reproduction de la forme. Et comme pour la forme, la nature est le plus grand maître, il en résulte que la photographie, offrant à l'artiste une copie exacte, minutieuse et poétique cependant comme la vérité, doit lui fournir une source inépuisable d'enseignements qu'il ne pourrait se procurer par aucun autre moyen.

### I.

L'unité de composition est une des plus grandes difficultés de l'art, et la condition même du beau. Sans unité il ne peut y avoir de véritable beauté dans une œuvre d'art.

Or, à quelle condition y a-t-il unité dans une œuvre d'art,

c'est à la condition que toutes les parties s'harmonisent et concourent à l'expression générale de l'ensemble; or, l'harmonie qui naît de la juste proportion des parties, c'est la nature qui l'enseigne; l'art n'est sous ce rapport que son interprète, et c'est pourquoi la photographie qui reproduit invariablement la nature, peut fournir un très-utile concours à l'art.

II.

En raison de la grande rapidité avec laquelle elle opère, la photographie peut rendre à l'art des services d'un autre genre, elle peut lui offrir un modèle permanent et durable de ces beautés éphémères, comme un effet de lumière, ou une expression de physionomie.

Tous les peintres ont rencontré des types dont l'expression était admirable, mais dont la mobilité était désespérante.

La séance se prolongerait en vain, l'expression s'est évanouie avec la pensée qui l'avait fait naître, la lassitude et l'ennui ont fait place à une animation qui ne pouvait se soutenir que quelques instants. Or, si fugitive que soit cette expression, la photographie peut la saisir et la fixer, et offrir à l'artiste un modèle durable d'une beauté qui lui eût échappé sans retour.

III.

Si l'art doit tendre à l'infini, il faut cependant qu'il arrive à l'expression par la reproduction de la forme, car l'expression naît du dessin. Or, le dessin ne peut puiser ses modèles que dans la nature.

Voyons donc jusqu'à quel point la photographie peut venir en aide à l'artiste dans l'intelligence de la nature.

Chaque objet dans la nature a un caractère particulier : une plante ne se distingue pas d'une autre plante par les seules différences qu'en fait le botaniste, quelque nombreuses que soient les dissemblances qu'il y signale ; il ne suffit donc pas à un paysagiste, pour peindre un arbre, d'imiter son feuillage par la touche, sa nuance par la conformité de ton, son profil par l'aspect, il faut encore qu'il arrive à rendre le caractère typique de cet arbre, caractère qu'il ne pourra découvrir que par une étude exclusivement artistique. Or, la photographie a cela de remarquable, que quelqu'incomplète que soit l'épreuve qu'elle fournit, elle présente précisément le caractère typique de l'objet reproduit. Ce que nous disons d'un objet isolé, s'applique à tout indistinctement.

Un exemple nous permettra de mieux préciser notre pensée.

Supposons trois étoffes, de soie, de laine et de coton, ayant exactement la même couleur et drapées de la même manière.

Malgré leur identité de couleur et d'arrangement, ces trois étoffes n'en restent pas moins essentiellement différentes sous le rapport de l'art, et au besoin, une épreuve de photographie viendrait nous le démontrer.

Chacune de ces étoffes ayant réfléchi une quantité différente de lumière, sera rendue par la photographie avec un éclat différent. Sous ce rapport, l'artiste trouvera, dans une épreuve de photographie, une source de renseignements que l'étude des plus grands maîtres ne lui fournira pas toujours.

Ce que nous avons dit du caractère typique sous le rapport de l'art, de chaque objet pris isolément, s'applique également aux grandes scènes de la nature.

Sans doute, aucune étude ne peut remplacer, pour l'artiste, le spectacle des peuples aux mœurs et à l'histoire desquels il veut nous initier. Cependant, à défaut de ce spectacle, qu'il n'est réservé qu'à un petit nombre de se donner, une collection de photographies lui serait du plus utile secours.

Je suppose, en effet, qu'un peintre de l'autre côté des Alpes voulût retracer une scène du pays de Flandre, il ne pourrait évidemment s'inspirer du type Italien et de la campagne de Rome.

L'aspect d'un pays et son caractère, sous le rapport de l'art, ne dépendent pas seulement de sa forme géologique et de la nature de sa végétation. Bien d'autres causes, parmi lesquelles je citerai seulement l'état de l'atmosphère, contribuent à lui imprimer la physionomie qui en forme le trait le plus saillant.

Ainsi, dans les contrées du nord, un monument vu à une centaine de mètres perd déjà sa couleur, et à quelques centaines de mètres plus loin, il ne nous apparaît plus que commme une masse confuse, cachée à nos regards par un rideau de brouillards.

Dans le midi au contraire, en Italie, en Espagne, les monuments vus d'une très-grande distance ne changent ni de couleur, ni d'aspect, on ne s'aperçoit de leur éloignement que par leurs dimensions qui sont plus réduites.

Dans les sables brûlants de l'Egypte, vous marchez pendant des journées entières, ayant devant vous les Pyramides, dont vous croyez à chaque instant que vous allez toucher la base, et qui s'éloignent à mesure que vous avancez.

Or, cette variété d'effets, qui donne un caractère à part à toutes ces contrées, et fait de chacune un type différent sous le rapport de l'art, dépend uniquement d'un changement dans l'état de l'atmosphère.

Or, pour rendre des effets de ce genre, aucun moyen connu ne peut rivaliser avec la photographie.

## IV.

En recommandant aux artistes l'étude et au besoin l'usage de la photographie, nous ne prétendons pas leur donner le conseil de se faire copistes d'épreuves.

Le caractère essentiel de l'art, est de réunir dans un même cadre des beautés qu'on ne trouve pas réunies dans la nature, et par cette réunion même, d'opérer une véritable création.

L'utilité de la photographie ne peut donc consister qu'à offrir à l'artiste des renseignements exacts, sur les beautés de l'ordre le plus différent, dont celui-ci pourra disposer ensuite pour l'exécution de l'œuvre qu'il aura conçue.

Et, en effet, pourquoi y aurait-il plus d'inconvénient à ce qu'un peintre consultât une épreuve de photographie, qu'il n'y en a à ce qu'un sculpteur consulte un moulage sur nature?

## V.

La photographie peut rendre à l'art des services d'un autre genre, on peut l'employer à reproduire les œuvres mêmes de l'art, et forme par ce moyen de véritables collections de chefs-d'œuvre.

Quel puissant intérêt n'offriraient pas de telles collections, qui permettraient de suivre l'art à travers les mille transformations qu'il a subies chez les différents peuples, et de distinguer, à travers les métamorphoses sans nombre par lesquelles il a passé, un reflet de la pensée constamment progressive, qui est la loi suprême de l'humanité.

## VI.

Depuis quelques années, les études archéologiques ont pris un grand développement, grâces aux efforts de quelques hommes courageux, que n'a pas effrayés l'immensité de l'œuvre: les traditions primitives du genre humain ont cessé d'être un mythe pour nous.

Sous ces allégories souvent ridicules et grossières, la science moderne découvre un sens caché, des préceptes de morale, ou des vérités philosophiques que la prudence des prêtres-rois de ces temps reculés voulait cacher aux populations qu'ils ne jugeaient pas prêtes pour les recevoir.

Pour s'aider dans de semblables études, de tous les textes qui nous sont parvenus, il faudrait les multiplier beaucoup, en tirer de nombreuses copies, sans altérer les originaux.

Or, sous le rapport de la facilité qu'elle offre pour de semblables reproductions, aucun moyen connu ne peut rivaliser avec la photographie.

Un monument est couvert d'inscriptions, la photographie peut les recueillir toutes, en moins de temps que le plus habile dessinateur n'en mettra à tailler son crayon.

La reproduction des manuscrits et des papyrus n'offre pas plus de difficultés que celle des monuments.

Je me suis étendu bien longuement sur les rapports de la

photographie avec l'art, c'est que le sujet, fort intéressant par lui-même, n'a pas été étudié sous ce rapport spécial autant qu'il eût fallu peut-être pour l'intérêt de l'art et de la photographie.

## DE LA PHOTOGRAPHIE CONSIDÉRÉE SOUS SES RAPPORTS AVEC LA SCIENCE.

### I.

Une branche importante des sciences physiques, celle qui traite de la mesure de la lumière, la *Photométrie,* a emprunté à la photographie ses plus précieuses méthodes d'expérimentation.

Avant la découverte de la photographie, on ne pouvait déterminer avec rigueur l'intensité comparative de deux sources lumineuses, que lorsque celles-ci brillaient simultanément. Grâce aux procédés photographiques, on peut aujourd'hui mesurer l'intensité d'un nombre illimité de sources lumineuses; pour cela, il suffit de placer une plaque iodée au foyer d'une lentille, l'altération qui se produit sur la plaque sert de mesure à l'intensité de la lumière émise.

Les physiciens ont pu comparer ainsi les rayons éblouissants du soleil, et ceux trois cent mille fois plus faibles de la lune.

MM. Fizeau et Foucault ont eu recours aux mêmes moyens pour étudier les diverses sources lumineuses que la nature nous offre, ou que nous pouvons produire artificiellement.

La grande exactitude des reproductions photographiques, permet d'employer cette méthode, pour mesurer la grandeur d'objets nombreux, que l'on a besoin de comparer.

Je citerai à cet égard une expérience qui m'est personnelle.

Depuis plusieurs années je m'occupe de recherches sur la végétation. Mon but a été de découvrir la part que les différents principes constitutifs du sol prennent dans la nutrition des plantes. Pour obtenir la solution cherchée, je procède par comparaison : je fais végéter des plantes de la même espèce dans un grand nombre de pots, qui sont remplis de terre convenablement préparée. Lorsque les plantes grandissent, il y a un grand intérêt pour moi à comparer leur développement, dans toutes les périodes de leur végétation, et à conserver les renseignements que je recueille sous ce rapport.

Mais comment faire pour mesurer chaque plante dans un pot qui en contient 30, si l'expérience a lieu sur un grand nombre de pots, comme c'est le cas dans l'expérience dont je parle?

Au moyen de la photographie, rien au monde n'est plus facile.

Tous les pots sur lesquels j'opère sont placés sur un talus de terre élevé de 1 mètre au-dessus du sol. En avant de la rangée des pots, je place un cadre en bois, sur lequel sont tendus dans les directions perpendiculaire et horizontale, des fils de cuivre peints en blanc; il résulte de cette disposition, que le châssis est couvert de petits carrés, formés par le croisement des fils, et qui ont, si on veut, 1 décimètre de côté.

Ce châssis étant placé devant un certain nombre de pots, je reproduis le tout par la photographie, il en résulte une image dans laquelle les plantes et le pot se détachent sur un fond qui peut servir d'échelle, car pour savoir la hauteur d'une plante, il suffit de connaître le rapport du carré formé par le croisement des fils, sur l'épreuve et sur le cadre de bois; et de cette manière on obtient du même coup un tableau où l'on peut comparer la végétation de tous les pots, et déterminer au besoin la dimension absolue des plantes contenues dans chacun d'eux.

## II.

La photographie n'a pas dit son dernier mot, chaque jour au contraire amène des progrès nouveaux et importants. Peut-on espérer qu'on parviendra un jour à reproduire les couleurs? Nous croyons que ce jour n'est pas éloigné.

Ce problème sera résolu lorsqu'on aura découvert *une seule et même substance*, que les rayons rouges coloreront en rouge, les rayons jaunes en jaune, et les rayons bleus en bleu.

Or, M. Niepce, l'inventeur de la photographie, a obtenu déjà des effets de ce genre.

M. Seebeck, M. John Herschell, et plus récemment M. Becquerel, ont réussi à imprimer, sur une plaque d'argent ou des papiers sensibles, l'image du *spectre solaire*.

La lumière blanche, la lumière du soleil, résulte, comme on sait, de la réunion d'un certain nombre de rayons colorés, dont l'impression simultanée sur notre œil produit l'impression du blanc. Si l'on dirige un rayon de lumière sur un verre transparent taillé en prisme, les différents rayons qui composent ce faisceau de lumière, sont inégalement réfractés dans l'intérieur du verre.

Au sortir du prisme, ils se séparent en éventail, et viennent former sur l'écran qui les reçoit, une image oblongue, où l'on trouve isolées toutes les couleurs simples qui composent la lumière blanche; on y voit assez nettement indiqués, le rouge, l'orange, le jaune, le vert, le bleu, l'indigo et le violet. C'est une image de ce genre que M. John Herschell et M. Becquerel sont parvenus à imprimer sur une plaque d'argent ou des papiers photogéniques. Evidemment, ces observations mettent hors de doute, que le jour n'est pas éloigné, où la photographie reproduira la couleur des objets. Des phénomènes d'un autre ordre viennent de confirmer notre confiance à cet égard.

M. Daguerre, l'inventeur de la Photographie, a découvert

une poudre qui émet une lueur rouge lorsque la lumière rouge l'a frappée; une autre poudre à laquelle la lumière bleue communique la propriété de rayonner en bleu; une troisième enfin, qui dans les mêmes circonstances, devient lumineuse en vert, par l'action de la lumière verte; en mêlant toutes ces poudres ensemble, on obtient un mélange qui émet une lueur rouge, verte, ou bleue, suivant qu'on fait agir sur lui une de ces trois lumières.

En étudiant d'une manière plus suivie ce nouvel ordre de phénomènes, il ne serait pas impossible qu'on vînt à découvrir un vernis sur lequel la lumière imprimerait toutes les nuances des objets, comme elle en reproduit la forme extérieure.

GEORGES VILLE.

Grenelle, près Paris, 24 avril 1851.

# PHOTOGRAPHIE

SUR

# PAPIER.

## CHAPITRE Ier.

### PRODUITS CHIMIQUES EMPLOYÉS DANS LA PHOTOGRAPHIE SUR PAPIER. — LEUR PRÉPARATION. — MOYENS DE RECONNAITRE LEUR PURETÉ.

Toutes les opérations de la Photographie sur papier se réduisent :

1° A couvrir la surface d'une feuille de papier d'une couche très-mince d'iodure d'argent, qui rend ce papier impressionnable par la lumière.

2° A passer le papier ainsi préparé à la chambre obscure, où se produit l'image qu'il s'agit de fixer.

3° A rendre cette image persistante et inaltérable par l'action ultérieure de la lumière.

On obtient tous ces effets au moyen d'un petit nombre de corps qu'on fait réagir les uns sur les autres, dans un ordre invariable et déterminé.

Avant d'entrer dans les détails des opérations et de poser les règles qui en assurent le succès, nous devons nous familiariser avec ces corps, apprendre à les connaître, et savoir les préparer nous-même au besoin.

C'est donc une excursion dans le domaine de la chimie que nous proposons à nos lecteurs; mais qu'ils se rassurent, nous n'avons pas l'intention d'introduire dans cet ouvrage des considérations de science théorique étrangères à notre sujet. Une description des procédés de préparation, faite avec simplicité et méthode, suffit à notre ambition et remplit notre but. Quiconque suivra nos conseils est sûr de réussir. Nous avons expérimenté tous les procédés, et nous donnons la préférence à ceux qui nous ont le mieux réussi.

---

## § I$^{er}$. NITRATE D'ARGENT.

Le nitrate d'argent est blanc, d'une saveur caustique; il tache la peau en violet et se décompose à la lumière; aussi doit-on le conserver dans des flacons recouverts de papier noir.

Dissous dans l'eau, le nitrate d'argent est encore décomposé par la lumière. Pour conserver une dissolution de nitrate d'argent, le mieux est de la tenir enfermée dans un flacon de verre bleu.

L'eau dissout son poids de nitrate d'argent. Ce sel est également soluble dans l'alcool chaud; par le refroidissement, il se précipite presque en entier.

On prépare le nitrate d'argent de la manière suivante :

Argent de monnaie. . . . . 1 partie.
Acide nitrique à 33°. . . . 2 parties.

On fait dissoudre l'argent dans un matras à long col.

Pour cela, il suffit d'introduire l'argent dans le matras,

puis l'acide nitrique, et de chauffer légèrement. Il se dégage d'abondantes vapeurs de deutoxyde d'azote, et il se forme du nitrate d'argent. On doit opérer sous le manteau d'une bonne cheminée, afin de n'être pas incommodé par les vapeurs qui se dégagent. Lorsque l'argent est dissous, on verse la liqueur dans une capsule de porcelaine; on évapore la liqueur jusqu'à siccité; on fond le résidu, et on le maintient pendant quelque temps à une température un peu inférieure au rouge sombre. Le nitrate de cuivre, qui provenait du cuivre que contient toujours l'argent monnayé, se décompose, l'oxyde de cuivre se précipite, et il reste du nitrate d'argent pur.

On reconnaît que tout le nitrate de cuivre a été décomposé, lorsque la masse, qui était bleue, est devenue incolore et qu'il ne se dégage plus de vapeurs nitreuses.

On reprend alors la masse par l'eau distillée. Le nitrate d'argent se dissout, et l'oxyde de cuivre reste à l'état de précipité insoluble.

On filtre la dissolution, et on l'évapore à une douce chaleur dans une capsule de porcelaine à fond plat; lorsqu'une tige de verre, plongée dans la liqueur, se prend par son refroidissement en une masse blanche, on retire la capsule du feu, et on l'abandonne dans un lieu frais pour faciliter la cristallisation. Le nitrate d'argent se dépose sous forme de lamelles transparentes; par la concentration des liquides, on obtient de nouveaux cristaux.

Lorsque le nitrate d'argent est pur, ses cristaux sont parfaitement incolores. Ils sont teintés en bleu lorsqu'il contient du nitrate de cuivre.

---

## § II. ACIDE ACÉTIQUE.

---

L'acide acétique employé dans la photographie est l'acide pur et cristallisable. Cet acide est incolore, d'une odeur vive et pénétrante. Il cristallise à une température de 17 degrés au-dessus de zéro.

On le prépare de la manière suivante :

| | |
|---|---|
| Acétate de soude desséché. . . | 1k.500 g. |
| Acide sulfurique. . . . . . . | 4 500 |

On dessèche l'acétate de soude à une douce chaleur dans une marmite de fer ou de terre, en évitant de faire entrer le sel en fusion, puis, lorsqu'il est sec et pulvérulent, on l'introduit dans une cornue tubulée de 3 litres de capacité au moins, munie d'une allonge dont le bec recourbé vient s'engager dans des flacons droits ordinaires, qui servent de récipient et que l'on peut changer à volonté.

Lorsqu'on a versé l'acide sulfurique dans la cornue, on remue par la tubulure avec une baguette de verre, aussitôt la masse s'échauffe et la distillation commence ; lorsque la distillation se ralentit, on place quelques charbons allumés sous la cornue et on continue ainsi l'opération ; elle est terminée lorsque toute la masse est en pleine fusion.

L'acide acétique obtenu par le procédé n'est pas pur ; il contient des traces d'acide sulfurique, qui pourraient nuire au succès des opérations. On s'en débarrasse en soumettant l'acide acétique à une nouvelle distillation, après y avoir ajouté trente grammes d'acétate de soude.

---

## § III. BROMURE DE POTASSIUM.

Le brômure de potassium est un sel blanc déliquescent à l'air. Il cristallise en cubes. Les cristaux décrépissent lorsqu'on les chauffe, comme le sel marin, et entrent en fusion sans se décomposer.

Le brômure de potassium s'obtient en dissolvant du brôme dans une lessive concentrée de potasse. Lorsque le brôme est dissous, on évapore jusqu'à siccité; on calcine le résidu dans un creuset de terre jusqu'au rouge; on fait dissoudre de nouveau, et on opère la cristallisation du sel par la concentration des liqueurs. Le brômure de potassium est blanc; une coloration jaune annonce un excès de brôme. Il est plus avantageux de demander ce sel au commerce qui le fournit très-pur, que de le préparer soi-même.

## § IV. IODURE DE POTASSIUM.

L'iodure de potassium est blanc ; il cristallise en cubes, comme le brômure ; il attire l'humidité de l'air ; il produit un abaissement considérable de température en se dissolvant dans l'eau ; il est fusible au-dessous de la chaleur rouge, et répand des fumées épaisses à une température plus élevée ; il présente, après la fusion, une masse cristalline et nacrée, qui exerce une réaction alcaline sur les papiers colorés.

Le meilleur procédé pour obtenir ce sel, est celui de MM. Baup et Caillot. Voici comment ces savants conseillent d'opérer :

| | |
|---|---|
| Iode. . . . . . . . . . . | 1 kilog. |
| Limaille de fer. . . . . . | 300 gram. |
| Carbonate de potasse.. . . | 832 gram. |

On met dans une marmite de fonte environ 10 litres d'eau de pluie ; on y ajoute successivement l'iode et le fer, jusqu'à ce que la liqueur soit en grande partie décolorée. On chauffe pour opérer la décoloration. On filtre la liqueur ; on lave le résidu de fer qui reste dans la chaudière ; on filtre, et l'on ajoute aux premières liqueurs. On a ainsi une dissolution étendue d'iodure de fer.

On verse dans cette dissolution un petit excès de carbonate de potasse, jusqu'à ce qu'il cesse de se former un précipité. On laisse reposer la liqueur ; on sépare par décantation le liquide qui surnage le dépôt qui s'est formé ; on lave celui-ci à l'eau bouillante ; on laisse reposer de nouveau ; on sépare le liquide par décantation, et on réunit celui-ci aux premières liqueurs. On évapore le tout jusqu'à siccité dans la marmite de fonte qui a servi à la formation de l'iodure de fer, et qu'on a eu soin de bien laver à cet effet. Le produit qu'on obtient, est de l'iodure de potassium mêlé d'iodure de fer. On redissout le sel dans l'eau, on filtre, on évapore de nouveau dans une capsule de porcelaine, en ayant soin de remplacer la perte produite par l'évaporation par l'addition d'une nouvelle quantité de dissolution. Quand les liqueurs sont très-concentrées, on laisse refroidir la capsule sur le bain de sable même. On obtient de fort beaux cristaux cubiques d'iodure de potassium.

Les eaux-mères fournissent, par des évaporations et des cristallisations successives, de nouveaux cristaux, dont les derniers ne sont pas purs, et que l'on garde pour les mêler aux liqueurs d'une nouvelle opération.

Il est plus avantageux de demander ce sel au commerce, à moins d'en faire une grande consommation.

## § V. HYPOSULFITE DE SOUDE.

Le procédé le plus expéditif pour préparer ce sel consiste à saturer une dissolution de carbonate de soude par l'acide sulfureux, puis à faire dissoudre du soufre à la liqueur, jusqu'à nouvelle saturation ; pour cela, on opère de la manière suivante :

On prend un ballon de 2 litres de capacité, on le remplit à moitié d'un mélange fait avec quatre parties de soufre et cinq parties de péroxyde de manganèse. On place le ballon sur un fourneau, on le munit d'un bouchon terminé par un tube abducteur qui vient plonger dans une terrine remplie aux trois quarts d'une dissolution de carbonate de soude. En chauffant le ballon, il se dégage de l'acide sulfureux, lequel se combine à la soude et prend la place de l'acide carbonique.

La liqueur contient du bi-sulfite de soude; pour convertir le sel en hyposulfite, on verse la liqueur dans une grande casserole de terre, on ajoute un excès de soufre, on chauffe légèrement et on filtre. On conserve la liqueur dans des flacons soigneusement bouchés, et on l'étend de plus ou moins d'eau, selon son état de concentration. Quelques essais sur lesquels nous insisterons dans la suite permettent de déterminer facilement la quantité d'eau dont il faut étendre la dissolution d'hyposulfite.

Au lieu de laisser l'hyposulfite en dissolution, on pourrait le faire cristalliser; pour cela, il suffirait d'évaporer les liqueurs avec un excès de soufre, de filtrer et de laisser reposer dans un lieu frais; mais il vaut mieux préparer l'hyposulfite en dissolution et le conserver dans cet état.

---

## § VI. ACIDE GALLIQUE.

Le meilleur procédé pour préparer l'acide gallique, est encore celui de M. Robiquet. Il consiste à réduire des noix de galle en poudre grossière, à les humecter d'eau et à les abandonner à elles-mêmes pendant deux ou trois mois à une température de 25° ; il s'établit dans la masse une fermentation qui transforme le tannin en acide gallique ; après ce temps, on exprime dans un linge la noix de galle, on la lave à l'eau froide, de manière à dépouiller le résidu de toute sa matière colorante, qui est soluble dans l'eau froide. Lorsque le résidu ne cède plus rien à l'eau, on le traite par l'eau bouillante dans un vase de faïence ; après vingt-quatre heures d'infusion, on sépare la liqueur du résidu, on la concentre à une douce chaleur et on la filtre, après y avoir ajouté du noir animal, environ 125 grammes par 500 grammes de noix de galle employée.

Par le refroidissement des liqueurs, il se dépose sur les parois du vase des cristaux d'acide gallique; par la concentration des eaux-mères, on obtient de nouveaux cristaux.

L'acide gallique se présente sous forme de petites houppes soyeuses, réunies entre elles, d'une couleur jaune pâle.

---

## § VII. FLUORURE DE POTASSIUM.

Le fluorure de potassium est blanc, sa réaction est alcaline, sa saveur est âcre et caustique; il est déliquescent et cristallise en cubes, ou en prismes rectangulaires à quatre pans, qui sont ordinairement anhydres ; toutefois le fluorure de potassium semble avoir une certaine affinité pour l'eau et donne, à une basse température, des cristaux qui sont hydratés.

Le fluorure de potassium est indécomposable par la chaleur ; la dissolution attaque les vases de verre et de porcelaine dans lesquels on l'évapore. On doit se servir de vases de platine pour évaporer des dissolutions de fluorure de potassium.

On prépare le fluorure de potassium en saturant l'acide fluorhydrique par le carbonate de potasse. On doit renoncer à préparer ce sel ; le commerce le fournit dans un état de pureté qui suffit à tous les besoins de la photographie.

# CHAPITRE II.

## CONDITIONS AUXQUELLES LE PAPIER DOIT SATISFAIRE POUR DONNER DE BONS RÉSULTATS.

### § I^er. PAPIERS POUR LES ÉPREUVES POSITIVES ET NÉGATIVES.

On ne trouve pas toujours dans le commerce des papiers propres aux opérations de la photographie. Leur qualité, variable à l'infini, est une cause d'insuccès, contre laquelle viennent échouer souvent les efforts les mieux dirigés. Nous nous sommes efforcés depuis longtemps de lever cette difficulté, et de rendre les opérations de la photographie indépendantes de la qualité du papier. Aujourd'hui, la qualité du papier est sans influence sur le résultat des opérations. On peut obtenir, sans difficultés, des épreuves irréprochables sur du papier ordinaire.

Dans les procédés primitifs, le papier imprégné profondément d'une liqueur impressionnable par la lumière, était le milieu où s'opéraient toutes les réactions chimiques, dont l'effet final produisait l'image.

Dans les procédés actuels, le rôle du papier se borne à celui d'un écran. On le recouvre d'une couche photogénique épaisse et consistante, dans l'intérieur de laquelle s'opèrent toutes les réactions.

Les deux méthodes peuvent être employées indistinctement, et fournissent des résultats également satisfaisants. Suivant les effets qu'on veut produire, on donne la préférence à l'une ou à l'autre des deux méthodes.

Le papier est-il d'une homogénéité parfaite et exempt de matières étrangères qui produisent ordinairement des taches dans les bains chimiques? La première méthode est plus avantageuse et plus expéditive.

Le papier est-il de qualité inférieure ou du moins privé de celles que le photographiste recherche? La seconde méthode doit être préférée; elle donne des résultats supérieurs à la première; avec du papier de qualité supérieure, les épreuves sont admirables.

De tous les défauts qu'un papier puisse présenter, le plus grave est sans comparaison l'inégalité d'épaisseur. Si l'on faisait, par exemple, une épreuve négative sur un papier vergé, on aurait une image qui accuserait les vergeures du papier, et qui serait ainsi traversée et formée successivement de rayures pâles et foncées.

Avant d'employer un papier pour faire des épreuves, il faut l'essayer. Si l'on a à choisir entre un grand nombre d'échantillons de papier, paraissant également bons, il suffira d'en prendre un fragment de chaque sorte, de les appliquer sur une feuille de papier positif, et de les exposer à la lumière, comme si l'on allait faire une épreuve. La teinte que prendra le papier sera plus ou moins rayée, grenue ou limpide, en raison de l'homogénéité des papiers essayés ; on connaîtra donc ainsi, et par avance, une des parties essentielles du bon effet que l'on peut attendre du papier qu'on emploiera, et on pourra choisir avec assurance celui qui sera le meilleur, c'est-à-dire celui qui donnera une teinte plus égale, plus limpide.

Nous voilà donc en possession d'un moyen de faire un choix judicieux du papier, sous le rapport le plus essentiel.

Passons maintenant aux autres qualités qu'il faut rechercher dans le papier négatif, en raison des effets qu'on désire obtenir.

Nous savons que, pour obtenir de telles épreuves, il faut imbiber le papier de la liqueur photogénique ; ici, va se montrer la fécondité de ce précepte.

Comme première conséquence, nous pouvons prévoir déjà que plus le papier sera léger, plus l'imprégnation sera facile et complète, et plus l'impression à la chambre noire s'accomplira activement.

Ainsi, lorsque l'on se proposera de reproduire la nature animée, le paysage avec figure, le portrait comme étude de physionomie, on choisira des papiers minces. L'action de la lumière sera plus prompte, et il suffira d'une exposition de quelques instants pour obtenir une épreuve d'une grande netteté.

Lorsque le modèle permet, au contraire, une exposition plus longue, on doit donner la préférence à un papier épais, parce que la couche photogénique étant à son tour plus épaisse, produit des effets plus puissants et des dégradations plus ménagées dans le passage de la lumière aux ombres.

Nous traiterons de ces effets dans le chapitre suivant. Nous ne les signalons ici que pour montrer le rôle important que le papier joue par son épaisseur dans les résultats et le parti qu'on en peut tirer suivant les effets qu'on veut obtenir.

## § II. DU PAPIER POUR LES ÉPREUVES POSITIVES.

---

L'importance des papiers pour les épreuves positives est presque nulle, en comparaison des épreuves négatives. A la rigueur, tous les papiers pourraient donner une épreuve positive passable.

Voyons donc les conditions que le papier doit remplir pour fournir les meilleures épreuves positives.

Evidemment ces conditions sont variables et dépendent du résultat que l'on veut obtenir.

S'agit-il, par exemple, de produire des effets puissants, mâlement accentués? Il faut avoir recours au papier épais; car plus la couche aura de profondeur, partant plus elle aura de puissance et de solidité dans les effets. Un papier léger sera préférable, au contraire, lorsqu'il s'agira de produire des effets plus doux et moins vigoureux.

Lorsque le papier est bien collé, sa préparation est plus lente, plus difficile, mais les teintes des épreuves surtout plus vives et plus transparentes. Il nous suffit de signaler ce principe, pour que le praticien en tire tout le parti possible, soit en faisant choix de papiers spéciaux, soit en suppléant lui-même à l'insuffisance du collage.

Nous avons maintenant à parler de la surface du papier. On conçoit que plus cette surface sera unie et serrée, plus le décalque de l'épreuve négative sera parfait, et partant plus l'image aura de finesse.

De ce qui précède, on ne saurait conclure qu'il faille nécessairement un papier glacé ou d'un grain très-fin, car si la finesse du grain est pour un grand nombre de cas une qualité précieuse, elle est, au contraire, détestable dans certains effets. C'est ainsi que nos habiles artistes, les coloristes comme Decamps, par exemple, se gardent bien de prendre un papier glacé pour exécuter leurs ravissants dessins, auxquels la grosseur même des grains du papier vient ajouter de la finesse, de la transparence dans les tons et de l'air dans le tableau.

Dans la photographie, la lumière est un crayon fidèle, mais inintelligent. Il est donc indispensable que le photographiste vienne en aide à la nature, et, comme l'artiste, il doit faire choix des moyens d'exécution que l'art met à sa disposition pour mieux rendre son sujet.

Si l'artiste, pour certains effets, recherche à dessein des surfaces rudes et calleuses, pourquoi le photographiste n'userait-il pas des mêmes ressources? Qui ne comprend, en effet, que pour rendre une nature rude et sauvage, — la misère avec ses haillons, un dessin léché et glacé serait une sorte de contre-sens. Dans ce cas donc, les papiers à grain, voire même les papiers-torchon, sont de nécessité.

Dans ce choix, le photographiste doit s'inspirer des préceptes de l'art et s'en montrer observateur scrupuleux.

Nous reviendrons sur ce sujet lorsque nous parlerons de la photographie envisagée dans ses rapports avec l'art et comme art distinct de tous les autres. Pour le moment, nous devons nous borner à indiquer les conditions que les papiers doivent remplir, suivant le résultat qu'on se propose d'obtenir.

Nous avons étudié le papier sous les rapports de son épaisseur, de son collage, de son grain ; il nous reste encore à parler de sa nuance.

La nuance est sans influence sur les effets chimiques ; pourtant les papiers blanc de lait ou jaune sont préférables au papier bleu : les tons des épreuves sont plus chauds ; les papiers bleus produisent des teintes froides et plombées.

Les papiers très-épais, comme les cartons-Bristol et ceux de même genre, peuvent donner encore d'excellents résultats après trois mois de préparation. Quoiqu'ils se teintent légèrement, l'épreuve n'en est ni moins belle, ni moins harmonieuse ; au contraire, lorsque les lumières du dessin à reproduire sont très-vives, l'épreuve acquiert des qualités qu'il est fort difficile de lui donner par un autre moyen.

Les papiers de force ordinaire, comme les papiers vélins à l'usage des dessinateurs, ne se maintiennent bons, en raison de leur épaisseur, que pendant quinze à trente jours ; les papiers à lettre ne se conservent guère que de un à cinq jours. Quelque soin que l'on mette à les garantir de toute lumière, ils se teintent à tel point, qu'au bout de quelques jours il n'est plus possible d'en tirer parti.

Les papiers recouverts d'une pâte photogénique, d'albumine par exemple, peuvent se conserver beaucoup plus longtemps ;

ils se comportent bien comme les papiers épais, mais la coloration uniforme qu'ils prennent ne nuit en rien à l'harmonie de l'épreuve; seulement, cette épreuve semble avoir été faite sur un papier de Chine, et à cet égard, dans beaucoup de circonstances, ils seront préférés par les hommes de goût et qui recherchent les effets de l'art dans les résultats de la photographie, plutôt que la crudité des oppositions et la sécheresse dans les contours.

# CHAPITRE III.

## DE L'EXPOSITION DES MODÈLES.

### § Ier. DES PORTRAITS.

Pour faire un portrait, le photographiste doit procéder comme le peintre. Il doit se pénétrer de son modèle, et varier, suivant le caractère de celui-ci, la pose, la nature et la couleur des vêtements, et après avoir arrêté dans son esprit la composition du tableau, disposer ses moyens d'exécution en conséquence. Tous les procédés du photographiste ne sont pas également propres à produire les mêmes effets. Comme le peintre, le photographiste doit donc varier ses moyens. Un fond éclairé, obscur, ou demi-teinté, des oppositions de couleurs vives, ou ménagées, sont des artifices que le peintre emploie journellement et que le photographiste ne doit pas négliger. Le photographiste peut varier ainsi le caractère de ses productions et sinon interpréter et idéaliser la nature, du moins la rendre sous ses aspects les plus favorables, et c'est en quoi il fait de l'art. Suivant nous, en effet, la photographie est un art dont l'horizon est plus borné que celui de la peinture et de la sculpture; mais qui n'en reste pas moins un art pour cela.

La différence qui sépare le peintre du photographiste, c'est que le peintre peut allier les inspirations de son esprit aux modèles de la nature, et que le photographiste ne peut que modifier le caractère et l'aspect général d'un ensemble invariable. Les rapports de dimensions et de positions lui sont imposés, mais les oppositions de lumière, mais la vigueur des tons qu'il fortifie ou affaiblit à son gré, lui permettent d'imprimer à ses productions un caractère déterminé d'avance. Ces effets divers dont il dispose et qu'il emploie à sa volonté, sont des effets d'art, d'un art spécial, j'en conviens, mais enfin d'un art qui peut défier, pour l'exactitude et la délicatesse, le pinceau le plus exercé !

Dans le public, on ne voit malheureusement dans la photographie qu'une expérience de physique qu'on peut exécuter avec plus ou moins d'habileté, mais dont le résultat est indépendant de la volonté de l'opérateur : cette opinion a produit les résultats les plus déplorables.

Au lieu de varier les procédés selon la nature des épreuves, on s'est astreint à un procédé unique, et de cette invariabilité dans le mode opératoire, il est résulté un défaut général d'harmonie dans les résultats.

Il faut absolument sortir de cette voie si l'on veut obtenir de belles épreuves. C'est la perte du daguerréotype, d'avoir, par sa facilité même et sa fidélité apparente, contribué à répandre une croyance si contraire à tous les préceptes de l'art.

Mais revenons aux portraits :

Pour faire un bon portrait, le photographiste doit étudier son sujet et bien se pénétrer qu'un portrait est moins la froide reproduction des traits que celle du caractère physionomique, caractère qui résulte de trois choses distinctes pour chaque individu, la forme osseuse, la coloration et le jeu des muscles.

Il faut donc, pour arriver à cette première étude, demander du temps au modèle, et lui persuader qu'il faut plus d'une séance de quelques instants pour faire un beau portrait.

On exécute généralement les portraits dans deux conditions, qui influent singulièrement sur le résultat final.

Dans la première, qui est la plus fâcheuse, le modèle se présente à l'heure qui lui plaît, dans le costume de son choix, dans la pose même qu'il exige; alors il ne reste à l'opérateur qu'à tirer le meilleur parti possible des difficultés même qui lui sont imposées.

L'autre condition est plus favorable, c'est celle où le modèle se met à la disposition de l'opérateur, pour le jour, l'heure et même le costume.

Nous pouvons donc ici étudier les moyens qui assurent le succès et poser quelques principes généraux.

Le premier auquel on doive s'astreindre, c'est de conserver l'harmonie dans l'ensemble du tableau.

L'harmonie dans l'exécution dépend de la valeur lumineuse de chaque partie venant former le tableau. Il faut donc voir dans le modèle ce qui lui est propre pour le couvrir et l'agencer dans le cadre, de manière à le faire valoir.

Le costume, l'étoffe, la nuance de ce costume, le fond du

tableau sont autant de conditions qui concourent dans une certaine mesure à la beauté de l'épreuve ; l'opérateur ne doit donc rien laisser au hasard, des effets dont il peut, à l'avance, déterminer les valeurs relatives.

Nous avons dit qu'il faut, pour faire un bon portrait, rendre avant tout le caractère distinctif du modèle, sa physionomie.

Si le modèle est une jeune fille aux joues fraîches et rosées, aux cheveux blonds, il faut que l'action photogénique soit conduite de manière à ce que le résultat dégagé fasse bien voir que le modèle reproduit est une jeune fille fraîche et blonde.

On arrive à ce résultat en prolongeant l'action de la lumière à la chambre noire, de manière à ce qu'elle fouille bien les ombres, qu'elle leur donne de la transparence, qui est le caractère propre de ce genre de modèle.

Il est bien évident qu'un artiste, de ceux que l'on désigne sous le nom de coloristes, sait indiquer, sans le secours de la couleur, et seulement avec un crayon noir, que le modèle qu'il peint est d'une coloration blonde et fraiche; il n'a besoin, pour cela, ni d'accessoires étrangers à son modèle, ni d'un fond noir qui en fasse ressortir l'éclat, ni enfin de tel autre artifice d'opposition.

Le photographiste est placé ici dans des conditions moins favorables que l'artiste, puisqu'il ne peut s'affranchir de ces accessoires; il faut qu'il les subisse, puisque tout ce qui accompagne le modèle doit être inévitablement reproduit dans son tableau, il importe donc d'étudier comment il les appropriera à son sujet.

Lorsqu'on fait le portrait d'une jeune fille blonde, il faut que les accessoires s'harmonisent avec le sujet principal. Un fond noir et des vêtements noirs donneraient la physionomie, l'aspect d'une tête de plâtre, tandis qu'un fond blanc et une robe blanche feraient de la jeune fille une mulâtresse. Il faut donc ici des accessoires qui conservent à la figure son modelé et sa carnation. Quel que soit le parti que prenne l'artiste, d'enlever la tête sur un fond clair ou demi-teinté, les vêtements seront donc choisis de préférence dans des teintes brillantes et suffisamment claires pour être rendus avec leur valeur de ton dans le temps qu'exige la pose de la tête, temps qui sera nécessairement réduit, dans le cas spécial que nous avons choisi. En conseillant de prolonger l'exposition à la chambre obscure, nous n'entendons pas dire qu'elle devra être longue, mais bien qu'elle devra être prolongée aussi avant que pourra le permettre la coloration du modèle pour conserver du modelé dans son effet.

Nous brisons, on le voit, avec tous les usages reçus en photographie; nous demandons une longue exposition relative et des accessoires, des vêtements clairs à des modèles déjà brillants, alors que pour en faire ressortir doublement l'éclat, on plaçait ces modèles dans les conditions contraires.

Nous venons d'étudier notre modèle, et comme caractère et comme ajustement; voyons maintenant l'emploi de la lumière.

Il n'est pas possible de poser de principe absolu à cet égard, car ici les exceptions font presque la règle.

En effet, lorsqu'il s'agit de faire le portrait d'une jeune fille blonde, une lumière douce et large est la plus favorable; elle donne lieu à des effets d'une suavité exquise.

D'un autre côté, cependant, une lumière vive, étroite, peut produire des effets saisissants, d'une valeur et d'un piquant remarquables.

Voilà donc deux conditions opposées qui peuvent amener de bons résultats, mais il est évident que la première doit être préférée d'une manière générale.

Si maintenant, au lieu d'une carnation fraîche et brillante, comme nous la trouvons dans le nord de l'Europe, nous avons une nature méridionale fortement colorée, il sera particulièrement nécessaire de placer le modèle dans une lumière très-large (lumière diffuse venant de tous les côtés), afin d'accuser le moins d'ombre possible. Nous allons expliquer pourquoi.

La formation de l'image provenant de la réduction d'une partie de l'iodure d'argent qui couvre la surface du papier, l'harmonie du tableau résulte du rapport qui s'établit entre la valeur lumineuse des parties éclairées et des ombres. Il faut donc que les parties qui sont dans l'ombre envoient assez de lumière pour déterminer l'action chimique qui les accusera dans l'image. Si ces conditions n'étaient pas remplies, il en résulterait que les parties lumineuses du modèle seraient seules accusées sur l'épreuve.

On voit que si le modèle d'une nature fortement colorée était vivement éclairé, les ombres auraient une vigueur qui détruirait toute l'harmonie entre les ombres et les parties claires.

Et qu'on ne s'imagine pas qu'en proscrivant les ombres vigoureuses dans l'exposition du modèle, nous renonçons aux grands effets. Ce serait une erreur que l'expérience viendrait bien vite dissiper, car rien n'est plus facile que d'arriver à des effets d'une extrême puissance, sans avoir besoin de recourir à une trop vive lumière pendant l'exposition.

On peut, avec une lumière douce et sans ombres vigoureuses, obtenir des effets puissants d'opposition, en éclairant le modèle de manière que les parties éclairées soient parfaitement distinctes de celles opposées à la lumière.

D'où il suit encore que la limite d'exposition pour tout modèle possible est précisément celle exigée pour arriver à modeler dans le clair-obscur et à donner des détails dans les ombres, si l'on veut un résultat acceptable au point de vue de l'art, car il n'y a pas d'ombre absolue dans la nature, et il n'y a que des ombres relatives.

Ces principes bien compris suffiront pour guider le praticien dans la manière d'éclairer son modèle ; il nous reste seulement à lui recommander, au point de vue d'un résultat agréable, de caractériser toujours la lumière sur le modèle. Ainsi, par exemple, si le modèle est vu de trois quarts, il faut que la lumière vienne de droite ou de gauche, de manière que le nez soit éclairé plus fortement d'un côté que de l'autre : il n'y a qu'une tête vue parfaitement de face qui puisse être éclairée de face sans être d'un effet désagréable ; nous recommandons en outre à l'opérateur de bien s'assurer que le portrait se détachera, soit en ombre, soit en lumière, du fond du tableau.

Si le modèle a des yeux bleus, il faut absolument les tourner dans l'ombre, afin d'en renforcer le ton. Comme valeur de ton, il est bien évident que l'œil bleu le plus transparent est d'une nuance plus ferme en peinture que les ombres les plus vigoureuses de la tête. Dans l'action photogénique, un œil bleu vivement éclairé réflèterait plus de lumière que la carnation du modèle lui-même, en sorte que le résultat serait inverse, puisque l'œil serait plus clair que les tons de chair.

Assez généralement les praticiens remarquent qu'ils sont exposés à obtenir des mains trop claires; cela tient à ce que le plus souvent les modèles posant assis, les mains qui reposent sur les jambes reçoivent la lumière d'aplomb et deviennent conséquemment plus éclairées que la tête ; il faut s'en préoccuper.

Nous ne nous sommes jamais rendu compte de la proscription qui semble avoir frappé les gants dans les portraits photographiques. Nous ne voyons pas pourquoi le photographiste plus que le peintre ou le statuaire serait obligé de sortir de l'exactitude du portrait, qui peut devenir un jour un renseignement historique précieux, ou enfin du pittoresque qui naît de l'emploi des accessoires. Le gant peut être aussi un moyen de dissimuler des doigts trop osseux, qu'on regrette de trouver à un modèle parfait sous tous les autres rapports; seulement la couleur du gant doit être choisie en raison de l'harmonie du tableau pour que la main arrive au degré de coloration qui peut être désiré, il faudra donc rejeter le gant blanc dans la plupart des cas.

Nous arrivons maintenant à la pose du modèle ; c'est ici une question de goût, d'individualité; c'est une étude artistique que l'opérateur doit faire de son modèle; l'air de tête, l'attitude, tout cela est particulier à chaque individu. Regardez à une certaine distance une nombreuse réunion d'hommes, tous uniformément vêtus, et sans avoir distingué aucun trait : si vous vous trouvez dans votre société habituelle, vous avez reconnu tout le monde.

C'est que chaque individu a son type particulier, et c'est le premier talent de l'artiste portraitiste de le reconnaître, afin d'arriver à en rendre le caractère dans l'exécution de son œuvre.

Il n'est donc pas nécessaire qu'une personne nous montre ses traits pour que nous la reconnaissions ; nous en avons la preuve cent fois par jour. Le photographiste, qui prend en un seul instant l'ensemble du modèle qui lui est présenté, a donc un avantage immense sur le peintre, qui n'arrive à cet ensemble que par la reproduction de chaque partie prise séparément. Cependant que de portraits photographiés sont loin d'être ressemblants ! Il importe d'en chercher la raison.

Nous l'attribuons à deux causes : la première est celle où l'opérateur n'a tenu aucun compte de l'individualisme de son modèle, et l'a placé dans des conditions de pose absolument en dehors de ses allures ordinaires.

La seconde est celle où l'opérateur ne se préoccupe pas des effets de perspective qui détruisent l'harmonie du tableau, en exagérant les parties qui sont sur les premiers plans et en amoindrissant celles qui sont sur le dernier.

Un peu de pratique, quelque goût, beaucoup d'observations sont donc nécessaires au photographiste.

Une étude de l'instrument qu'il va employer est aussi indispensable.

Pour qu'une image soit correcte au foyer de la chambre noire, il faudrait qu'elle naquît d'un seul plan, que ce plan fût parallèle à celui de la lentille et le milieu du tableau dans le centre de son axe.

C'est ce qui ne peut être obtenu pour le portrait, puisque le modèle présente des parties saillantes et des parties en retrait, puisqu'enfin le modèle est ce que l'on appelle en termes d'art, rond de bosse.

Ces mêmes dispositions du modèle existent pour l'œil du peintre, mais il les rectifie dans son exécution ; car, si la perspective est une des conditions indispensables d'une œuvre d'art, elle n'est point admise dans le dessin de la figure.

Ainsi, nous ne connaissons point de portraits de grands maîtres où les personnages aient une main plus grande et plus grosse que l'autre, ce qui devrait être cependant si le peintre exécutait mathématiquement son dessin, puisqu'il n'arrive jamais que les deux mains d'un modèle soient placées à la même distance de l'œil de l'exécutant ; on conçoit qu'il a fallu que l'art s'écartât de l'exactitude, puisqu'une exécution, rigoureusement exacte, aurait pour résultat de faire paraître difformes les modèles qu'elle représenterait.

Le peintre, placé près de son modèle, le rend dans les lignes et les conditions que lui présenterait ce modèle, s'il était placé à une distance suffisante pour que son œil pût l'embrasser dans tout son ensemble.

Il faut donc, pour qu'une épreuve de photographie ait toute sa valeur, que la distance de l'objectif à celle de l'objet à reproduire soit telle, que toutes les parties de cet objet soient accusées avec la même netteté au foyer de la chambre noire.

Pour cela, il faut arriver à réduire ou faire disparaître les différences de plan qu'occupent les diverses parties du tableau, par rapport au plan principal.

Dans le portrait, c'est évidemment le plan qu'occupe la tête qui devient le plan principal. Il faut donc que le modèle soit placé de manière à ce que toutes les parties du corps se rapprochent le plus possible de ce plan; à cette condition, seulement, on obtient l'harmonie de l'ensemble, qui résulte de la juste proportion de chaque partie.

Quelle que soit donc la grandeur que l'on veuille donner à la figure, il y aura toujours un très-grand avantage sous le rapport de l'exactitude du dessin à se servir des plus grands objectifs possibles (que nous supposons bien construits), car plus l'objectif sera grand et plus il pourra être éloigné du modèle.

Il est évident que, lorsqu'avec un petit instrument on fait une grande figure, les parties saillantes de cette figure sont exagérées. Ainsi, non-seulement les mains sont trop fortes par rapport à la tête, mais le nez et les lèvres sont trop en saillie sur le reste de la figure.

L'opinion si généralement répandue, et malheureusement trop fondée, que le daguerréotype enlaidit, vient de ce que les opérateurs négligent d'observer ces principes élémentaires, mais inflexibles, de la perspective linéaire.

Dans les portraits de femme, il faut éviter autant que possible les ombres trop fortement accusées. L'ombre d'une pommette trop saillante, le trait d'un double menton, ou d'une ride précoce, prennent toujours trop de valeur. Et lorsqu'il s'agit surtout de faire le portrait d'une de ces femmes qu'on peut appeler belles plutôt que jolies, qui paraissent telles, du moins, lorsqu'on les voit de loin, et qui perdent lorsqu'on les approche, parce que la fatigue ou les années ont laissé les traces de leur passage, on doit bannir l'emploi du diaphragme, trop de sécheresse dans le rendu devant les placer dans les mêmes conditions que lorsqu'on les voit de trop près. Or, en photographie, comme dans tous les arts possibles, il ne faut pas négliger d'être agréable, lorsqu'on le peut, sans cesser d'être vrai, et mettre en œuvre tous les moyens qui peuvent donner du charme au résultat.

---

## § II. DES ORNEMENTS DE SCULPTURE. DE LA STATUAIRE.

---

Dans ce genre de reproductions, plus la lumière sera large et douce, et plus l'épreuve aura de modelé, soit qu'on opère sur du marbre blanc ou du bronze. Dans les deux cas, il faut éviter l'emploi d'une lumière trop vive; les parties lumineuses seraient trop accusées, les ombres trop puissantes, les demi-teintes trop faibles dans le passage de la lumière à l'ombre, partant, le résultat serait *sec*, sans harmonie et incomplet.

Le temps ne comptant pour rien dans ces sortes d'épreuves, il faut donner la préférence aux préparations fort riches en matières réductibles, dont l'action s'accomplit plus uniformément dans toutes ses parties et avec plus de puissance, sans se préoccuper si elles marchent plus lentement à l'exposition.

---

## § III. DES MONUMENTS.

Avant de reproduire un monument, il faut se demander sous quel aspect et dans quelles conditions la beauté qui en fait le caractère, sera le mieux mise en relief, et disposer ses moyens en conséquence.

S'il s'agit d'obtenir le dessin détaillé d'un plan d'élévation, on devra choisir le moment où l'édifice n'est point éclairé par le soleil, et se servir d'une préparation qui marche lentement à l'exposition.

Il en est de même lorsqu'on veut prendre l'intérieur des édifices. Les parties qui sont frappées par la lumière deviennent excessivement brillantes, tandis que les masses qui sont dans l'ombre deviennent trop puissantes et manquent de transparence. Les ombres sont à peine accusées dans l'épreuve, si on arrête la pose à la limite qu'il ne faut pas dépasser pour la bonne venue des parties éclairées.

Ceci explique aussi pourquoi il faut préférer les moyens peu énergiques, puisqu'on peut, à leur aide, prolonger l'exposition jusqu'à ce que les parties qui sont dans l'ombre soient bien rendues, sans altérer le dessin des parties qui sont en pleine lumière. Il en serait autrement si le monument se trouvait peu éclairé ; alors les préparations les plus sensibles sont non-seulement préférables, mais nécessaires, puisque sans leur secours on ne pourrait pas obtenir d'épreuve.

Revenons aux monuments extérieurs.

Lorsqu'il s'agit d'une vue d'ensemble, pittoresque, le soleil est d'un puissant secours pour amener des effets piquants, surtout si le monument est en pierres noircies par le temps; mais la condition la plus favorable pour ce genre de reproduction est celle où le monument est successivement éclairé par une pleine lumière et obscurci par le passage d'un nuage.

Un temps un peu nuageux est le plus favorable à ces sortes de reproductions.

Si le passage des nuages se faisait à de trop longs intervalles, après avoir laissé agir la lumière voilée, on pourrait couvrir la surface de l'objectif et attendre un moment d'éclairci pour faire agir la pleine lumière. La succession des effets qui résultent de l'action d'une lumière douce et faible, puis vive et forte, produit des beautés incomparables.

En procédant d'abord par une exposition à l'ombre, qui permet d'obtenir dans les ombres de la transparence, et en terminant l'épreuve par une courte exposition au soleil, on arrive à un résultat complet.

Le temps de pose peut être divisé de la manière suivante :

Si le monument est une vieille construction gothique, aux sculptures à la fois saillantes et profondes, on donnera à la pose faite à l'ombre la moitié du temps qu'on aurait jugé nécessaire si on eût opéré à l'ombre seulement, et à l'exposition au soleil, également la moitié du temps qu'eût nécessité une exposition faite tout le temps au soleil.

Si le monument est moderne et en pierre blanche, il faut augmenter le temps d'exposition à l'ombre et diminuer celui au soleil, selon que le monument est plus clair ou moins chargé d'ornementation.

On voit ainsi, qu'en conduisant son opération avec intelligence, on peut arriver à des effets excessivement variés dans la reproduction d'un même monument.

## § IV. DU PAYSAGE.

---

Nous entendons par paysage, un tableau ayant le ciel pour fond, ou, à défaut de ciel, la végétation pour sujet.

Le ciel et la végétation exigent une action chimique très-intense.

Un ciel venu trop pur à l'épreuve négative amène un mauvais résultat à l'épreuve positive. Pour peu que le ciel soit teinté, il y a risque que cette teinte ne soit grenue, et qu'ainsi elle acquière, comme valeur de ton, une solidité qui la rapproche des premiers plans et borne le champ du tableau. Le ciel et les terrains s'accusant dans les mêmes tons, il en résulte un effet détestable.

Il faut donc, à moins d'être sûr d'arriver à un résultat parfaitement limpide, renoncer à faire venir les nuages, et pousser l'exposition assez avant pour avoir un ciel parfaitement clair au résultat final.

Comme nous l'avons plusieurs fois répété, plus la lumière

est vive, plus les corps qu'elle frappe deviennent brillants et leurs ombres puissantes. Or, dans les épreuves de paysages, la nuance verte qui domine dans le tableau, étant une des plus lentes à l'action photogénique, il en résulte que les masses qui sont placées dans l'ombre, restent sans action sur la couche sensible, tandis que les feuilles qui sont frappées par le soleil reflètent une vive lumière, résultat qui a le double inconvénient d'accuser des lumières trop vives et des ombres trop puissantes. Il n'y a plus de vérité dans ce genre de reproduction.

Et, qu'on le remarque bien, ce n'est pas l'emploi de moyens accélérateurs qui pourrait parer à ce défaut de vérité, car si la sensibilité est assez active pour développer le dessin dans les ombres, elle deviendra tellement active dans les parties éclairées, que celles-ci perdront tout détail; il y aura bien des feuilles dans l'ombre, mais celles qui nagent dans la lumière ne seront plus que *des plaques* blanches.

Malgré les dangers d'une lumière trop vive, nous ne prétendons pas qu'il soit impossible de faire un bon paysage au soleil et nous sommes loin de proscrire absolument les moyens accélérateurs, mais nous voulons seulement désabuser l'opérateur sur l'opinion généralement reçue, que le soleil est toujours favorable aux opérations de la photographie.

Il est des cas, enfin, où il faut prendre la nature comme elle se présente. C'est pour cela que nous n'admettons pas de moyens uniformes en matière d'exécution.

Lorsqu'on veut obtenir des détails dans les masses de verdure et qu'on est forcé d'opérer au soleil, on se trouve bien de l'emploi d'une préparation qui permet de prolonger l'exposition à la chambre obscure. Par suite de cette plus longue exposition, l'action de la lumière est plus uniforme. L'image paraît ensevelie sous une couche métallique, mais, vue par transparence, l'épreuve négative laisse apercevoir un dessin d'une correction sans égale, et fournit des épreuves positives d'une grande beauté. Le papier albuminé est particulièrement propre à ce genre de résultat.

C'est une erreur de penser que le vent s'oppose à la bonne exécution d'un paysage.

Lorsque le modèle est très-réduit, la distance des objets à l'objectif est telle que le léger déplacement produit par le vent est presque insensible. Si ce déplacement résulte d'un peu de vent qui se succède par intervalle, l'arbre, la plante, la feuille, après le passage du vent, reprennent exactement leur place primitive. Avec une préparation lente et une longue exposition, le résultat est tout-à-fait satisfaisant, et il est impossible de reconnaître que le vent a soufflé, tant le dessin a de netteté et de correction.

On s'explique aisément la nécessité de prolonger l'exposition dans ce genre d'épreuves. Supposons, en effet, qu'on ait employé une préparation qui exige une exposition de trente secondes, si le vent vient à souffler, il est évident qu'il y a mouvement dans la masse et trouble dans l'image. Exposition de 10 minutes : il y a eu trouble un quart du temps, ou un tiers, mais le reste est acquis à l'action photogénique, et, à moins d'un vent considérable et continu, il est rare que l'épreuve soit défectueuse.

Les préparations actives sont, au contraire, très-précieuses lorsqu'il s'agit du paysage animé, parce qu'ici le mouvement n'est point un déplacement momentané, mais absolu, le modèle ne reprenant jamais, dans toutes ses parties, la place qu'il occupait primitivement. Lors donc qu'on exécutera un paysage pour les figures, il faudra employer les préparations les plus actives et sacrifier à l'exactitude de la forme les effets d'ensemble qu'on ne peut obtenir que par une longue exposition.

## § V. DESSINS ET GRAVURES.

Rien n'est plus facile que ce genre de reproduction. Toutes les parties du tableau étant sur le même plan, pourvu qu'on place l'objectif au centre du tableau, dans le même plan d'inclinaison, on est sûr d'obtenir un résultat régulier comme lignes, quelle que soit la préparation qu'on ait employée.

Mais si rien n'est facile à obtenir comme la reproduction d'une gravure, lorsqu'on ne tient pas à un résultat irréprochable, aucune expérience de photographie n'exige une plus complète intelligence des effets photogéniques, pour arriver à rendre le dessin avec toute sa finesse, son modelé et sa coloration.

L'opérateur est placé ici devant une œuvre d'art; on ne lui demande pas d'en faire un croquis, mais une reproduction : il ne peut donc agir machinalement, comme on le suppose trop souvent, car il faut qu'il atteigne un résultat déterminé d'avance, sans rester au-dessous, ni sans le dépasser.

Ainsi, l'opération qui, imparfaite, est bien certainement la plus facile, exige, pour être bien conduite, une étude infiniment plus approfondie que celles qui sont réputées les plus difficiles.

Justifions notre assertion par un exemple :

Si la gravure est très-noire, les lumières étroites, l'exposition au soleil sera plus favorable, par la raison que les noirs faisant résistance à l'action chimique, il faut, par une vive lumière, donner de la valeur aux parties ménagées par le burin et amener ainsi de la transparence dans les ombres.

Une exposition à une douce lumière rendrait insuffisante l'action de ses réserves dans les ombres; ces ombres resteraient à la fois trop larges, trop vigoureuses et sans transparence.

Si, au contraire, la gravure est très-claire, les lumières larges, les ombres formées de hachures espacées, ou enfin peu vigoureuses, il faut opérer à l'ombre pour renforcer ainsi la valeur des noirs; les parties blanches du dessin exerceront toujours leur action, que le modèle soit exposé à l'ombre ou au soleil, tandis que les noirs s'accuseront d'autant mieux, que l'exposition sera plus prolongée et la lumière moins vive.

Voilà donc des moyens artificiels de développer ou d'affaiblir l'action chimique sur une partie limitée du tableau.

Ce que nous venons de dire ici suffit pour faire voir que, s'il est possible de conduire l'opération de manière à se renfermer dans les effets que l'artiste a voulu produire, il est possible aussi de les modifier dans le sens d'un meilleur effet, obtenir ou de plus vives lumières, ou plus de vigueur, plus de modelé, plus d'harmonie, moins de sécheresse, amener enfin une épreuve plus satisfaisante, au point de vue de l'art, que la gravure elle-même.

Il y a ici une vaste carrière ouverte à la photographie sur papier. Nous avons l'espoir que le jour n'est pas éloigné, où la photographie sera non-seulement un sujet d'étude pour l'artiste, mais qu'elle lui fournira encore des effets qu'il eût été impuissant à produire sans son secours.

---

# CHAPITRE IV.

## PRÉPARATION DU PAPIER NÉGATIF.—PAPIERS NÉGATIFS. ÉPREUVES NÉGATIVES SUR GLACE.

### § I. PRÉPARATION DU PAPIER NÉGATIF A L'IODURE DE POTASSIUM.

Dans un vase plus grand que le papier à préparer, on verse une dissolution saturée d'iodure de potassium.

On plonge le papier dans cette dissolution, on le laisse tremper de une à deux minutes, selon son épaisseur; après quoi on le retire du bain en le prenant par les deux coins, et on le passe rapidement, deux fois de suite et sans le lâcher, dans un vase plus grand, rempli d'eau distillée, ou, à son défaut, d'eau de pluie; puis on le sèche entre plusieurs feuilles de papier buvard, jusqu'à ce qu'il soit parfaitement essuyé.

Soumis à l'instant même à l'acéto-nitrate et à l'exposition, ainsi qu'il sera expliqué dans le chapitre suivant, cette préparation fournit une épreuve d'une très-belle venue : son exécution est d'une facilité extrême, comme on voit, et d'une certitude presque absolue.

Il est préférable de préparer le papier au moment d'exécuter l'épreuve. L'effet est plus constant et plus certain.

Le passage du papier ioduré dans le bain d'eau distillée a pour objet d'enlever l'iodure qui restait à la surface du papier. Il faut donc que le papier soit bien essuyé, et, pour ainsi dire, séché extérieurement dans le papier buvard, avant de le soumettre à l'acéto-nitrate d'argent, sans quoi l'image n'aurait pas de netteté.

Toutes ces opérations peuvent se faire au grand jour; le papier bien sec est recueilli dans un carton, il conserve ses propriétés chimiques pendant des mois entiers.

En raison de sa sensibilité à l'action de la lumière, ce papier est particulièrement propre à l'exécution des portraits, comme à celle de tous sujets qui réclament une rapide exécution.

La simplicité de sa préparation pourrait le faire adopter à l'exclusion de tous les autres, s'il était propre à tous les genres de reproductions; mais, c'est malheureusement ce qui n'a pas lieu, et de là, la nécessité de varier les préparations, pour étendre le cercle des résultats qu'il est possible de demander à la photographie sur papier.

Avant d'entrer plus avant dans le détail des opérations, il est nécessaire de faire connaître les soins particuliers qu'elles exigent, les précautions générales qu'elles réclament, puisque l'oubli d'un petit soin, bien simple, bien puéril en apparence, peut amener les plus graves perturbations dans les réactions chimiques qui doivent donner naissance à l'image.

Toutes les opérations où il entre des sels d'argent doivent être faites à la lumière d'une bougie, la lumière du jour étant une cause d'altération.

Tout papier ayant reçu une préparation d'argent doit être conservé à l'abri de la lumière.

Les préparations où il n'entre pas de sel d'argent peuvent être faites au grand jour.

Les dissolutions d'argent doivent être conservées dans des flacons de verre bleu. Si on se sert de flacons de verre blanc, il faut les recouvrir de papier noir.

Tous les flacons doivent être bouchés à l'émeri. Les bouchons de liége altéreraient les dissolutions.

Toutes les dissolutions, indistinctement, seront faites avec de l'eau distillée, et à son défaut avec de l'eau de pluie.

Avant d'employer une liqueur, on devra toujours la filtrer. Entre deux opérations, des dépôts et des décompositions partielles peuvent se produire, et il est essentiel de se mettre à l'abri des accidents qu'ils feraient naître inévitablement.

Les filtres devront être en papier blanc, et non de couleur; ceux qui auront reçu des dissolutions de sel d'argent ne devront jamais servir que pour une seule opération; on aura un filtre particulier pour chaque substance. Les entonnoirs seront de verre.

On aura un cahier de papier buvard pour chaque préparation. Un même cahier ne pourra servir à deux usages.

Le papier buvard sera choisi très-épais, bien blanc et non vergé. Les beaux papiers des imprimeurs sont excellents pour cet usage.

Les vases doivent être essuyés avec le plus grand soin, et les linges qui servent à cet usage d'une grande propreté.

Lorsque l'opérateur a les doigts tachés par l'acide gallique et le nitrate d'argent, il doit éviter de préparer du nouveau papier avec l'iodure de potassium. Ce sel dissout le gallate d'argent, et le papier serait taché.

Cet accident est d'autant plus à craindre, que les taches ainsi formées restent quelquefois des mois entiers sans paraître, et bien qu'invisibles, provoquent dans le cours des opérations des accidents qui s'opposent à la bonne venue des épreuves.

Lorsqu'on a eu les doigts tachés, il faut se laver les mains avec du cyanure de potassium. Ce sel dissout les taches avec la plus grande facilité.

Si on avait la plus légère égratignure à la main, il faudrait renoncer à l'emploi de ce sel. Il pourrait donner lieu à un empoisonnement des plus graves. Le cyanure de potassium a presque l'activité de l'acide prussique. Dans ce dernier cas, on devrait avoir recours à l'iodure de potassium, qui est moins efficace, mais qui n'offre aucun danger.

---

## § II. PRÉPARATION DU PAPIER NÉGATIF AU SERUM.

---

Dans un demi-litre de serum de lait, qu'on passe à travers un linge fin pour en séparer le caséum, on bat un blanc d'œuf; on fait bouillir afin d'entraîner toutes les matières solides; on filtre de nouveau, mais cette fois à travers un filtre de papier, après quoi on fait dissoudre à froid 5 pour cent en poids d'iodure de potassium.

Pour employer cette liqueur, on procède de la manière suivante :

On plonge le papier qu'il s'agit de préparer dans la liqueur, où on le laisse séjourner pendant deux minutes, et lorsqu'il est bien uniformément imprégné, on le fait sécher en le pendant, au moyen de deux épingles, à un cordon qui est tendu horizontalement.

Cette préparation se fait à la lumière du jour, sans aucune précaution particulière; le papier peut être employé à l'état humide séance tenante : on le sèche alors au papier buvard avant de le soumettre à l'acéto-nitrate. S'il est destiné à des opérations ultérieures, on doit le laisser sécher complètement.

A l'abri de l'humidité et de la poussière, ce papier se conserve presque indéfiniment.

Les papiers au serum n'ont pas la sensibilité de ceux qui ont été préparés avec la dissolution saturée d'iodure de potassium. Ils sont donc peu convenables pour l'exécution des portraits.

Renonçant à les employer pour l'exécution des sujets qui réclament une courte exposition, et les destinant exclusivement à la reproduction des sujets pour lesquels la durée de l'exposition est sans importance (et, par longue exposition, il faut entendre une différence de une ou deux minutes), il est donc préférable de les choisir un peu épais, afin que les images aient plus de puissance, de profondeur dans le corps du papier, et, partant, plus de dégradations dans l'effet général du tableau.

Lorsqu'on opère avec un papier peu sensible à la lumière, les parties fortement éclairées sont les seules qui s'impressionnent dans les premiers temps de l'exposition, les demi-teintes sont à peine accusées par rapport à celles-ci, et les clairs-obscurs ne viennent qu'avec une excessive lenteur.

Avec des préparations très-sensibles, c'est presque l'effet contraire qui se produit; les parties éclairées se dégagent sans netteté; tous les détails se confondent dans une masse sans dessin et sans harmonie.

On dit alors que l'épreuve est brûlée.

Les parties qui sont dans l'ombre ou le clair-obscur, au contraire, réfléchissent moins de lumière, l'action photogénique est moins active; assez puissante pour former une image bien dessinée, cette action n'a pas l'intensité qui pourrait compromettre la pureté des lignes et la netteté des détails.

Les préparations très-sensibles ne se prêtent pas aux effets de lumière, à moins que les dispositions particulières du tableau n'y suppléent singulièrement, car, en voulant pousser l'exposition trop loin, on ensevelit l'image sous des flots de lumière, et tout détail disparaît.

C'est pour ce motif que les préparations lentes sont préférées des amateurs qui cherchent l'art dans la photographie.

C'est à l'intelligence de l'opérateur à tirer parti des ressources que présentent les propriétés particulières de chaque préparation.

Prenons un exemple :

Supposons qu'il s'agisse de rendre soit une vue, soit un paysage, éclairé trop uniformément, sans aucun effet, où les parties dans l'ombre se distinguent difficilement de celles dans la pleine lumière, effet que le vulgaire appelle fond clair et que l'artiste qualifie de mal éclairé.

Ce tableau, vu à la chambre noire, n'accuse qu'une masse uniforme de lumière. Si l'on emploie pour le reproduire une préparation très-sensible, l'impression de l'image aura lieu uniformément, et on obtiendra un tableau plat, uniforme, monotone; si l'on emploie au contraire une préparation plus lente à l'action de la lumière, c'est-à-dire moins impressionnable, les ombres et les demi-teintes prendront plus de valeur, puisque l'action photogénique s'accomplit moins vite à leur égard qu'à l'égard des parties lumineuses.

Il y aura bien, il est vrai, moins d'exactitude et de vérité dans le tableau, mais il y aura plus de piquant; la préparation aura fait l'office de l'artiste qui serait venu rehausser par des lumières et des ombres plus fermes l'effet général d'un tableau trop froidement rendu.

Etudiée à ce point de vue, la photographie sur papier entre dans le domaine de l'art.

## § III. PRÉPARATION DU PAPIER NÉGATIF A L'ALBUMINE.

---

On bat des blancs d'œufs en neige dans lesquels on a versé pour chaque blanc d'œuf :

30 gouttes d'une dissolution saturée d'iodure de potassium (en poids, 2 grammes) ;

2 gouttes d'une dissolution saturée de brômure de potassium.

On augmente la sensibilité du papier albuminé en diminuant la proportion d'iodure et en supprimant le brômure ; ainsi on peut descendre jusqu'à 10 gouttes d'iodure par blanc d'œuf ; la vigueur des effets à produire décroîtra en raison de l'appauvrissement de l'élément chimique dans la préparation.

On laisse reposer jusqu'à ce que la neige soit revenue à l'état d'albumine liquide ; on filtre, si l'on ne trouve pas ce liquide d'une limpidité parfaite.

On peut préparer le papier de bien des manières. Il s'agit de le couvrir, sur une de ses surfaces seulement, de cette albumine iodurée, sans qu'il y ait de différences d'épaisseur dans la couche et de bulles d'air sur la surface.

Si l'on ne fait pas usage de papier trop mince, on arrive à une préparation facile, en donnant aux feuilles de papier une dimension plus grande que l'épreuve qu'on se propose d'obtenir; on relève ensuite les quatre bords à angles droits, on les arrête en les collant avec de la colle à bouche ou de la cire à cacheter. Le papier présente donc alors la forme d'un plateau à rebords. On le dépose sur une glace pour obtenir une surface bien horizontale, puis on verse l'albumine dans l'intérieur; on n'en met qu'une quantité suffisante pour couvrir avec excès tout l'intérieur du papier. Afin d'éviter la formation de bulles d'air, on introduit l'albumine avec une cuillère suffisamment grande; on commence par un des coins, puis on promène la cuillère dans les coins opposés, en laissant échapper au fur et à mesure l'albumine qu'elle contient; après quoi, soulevant la glace sur laquelle est déposé le papier, on l'incline dans tous les sens pour faire couler l'albumine sur toute la surface intérieure; ensuite, déversant l'excédant, on abat les bords relevés et on pend le papier en l'attachant par deux épingles à un cordon tendu horizontalement, comme il a déjà été dit pour les préparations précédentes.

Il ne faut recueillir le papier qu'après une parfaite dessiccation, qu'on complétera en le soumettant devant un feu ardent, ou en le repassant entre plusieurs feuilles de papier blanc bien propre, avec un fer très-chaud, ce qui sera préférable, parce qu'ainsi il sera mieux aplani. Ce papier sera d'un bon usage pendant longtemps. Nous en avons dont la préparation remonte à un an et qui nous donne encore de bons résultats. Nous conseillons cependant de ne pas en préparer une trop grande quantité à l'avance, parce qu'en vieillissant il perd une partie de sa sensibilité.

Lorsqu'on sera obligé de préparer beaucoup de papier albuminé à la fois, et qu'on devra l'employer longtemps après la préparation, on fera bien d'augmenter la proportion d'iodure. 30 gouttes par blanc d'œuf sont alors nécessaires.

On devra n'employer dans les préparations d'albumine que des œufs bien frais. Afin de ne pas s'exposer à perdre la totalité de la préparation, par l'addition d'un œuf qui serait gâté, on recueille chaque blanc d'œuf à part dans une assiette avant de l'ajouter au mélange. On s'assure ainsi qu'il est bien transparent, que le germe qu'on doit extraire, ne s'est pas divisé dans la masse, ce qui donnerait, surtout dans la préparation des glaces albuminées dont il sera question bientôt, des taches de l'effet le plus désagréable.

On évitera aussi qu'il ne s'introduise pas de poussière, soit dans la masse d'albumine, soit sur les papiers qui en sont recouverts; car la poussière serait un corps opaque dans une couche transparente, et produirait une tache sur l'épreuve positive.

La sensibilité des papiers préparés à l'albumine est infiniment moins grande que celle des deux préparations qui précèdent ; bien que l'image se forme assez vite dans toutes ses parties, elle n'acquiert de valeur que par une exposition assez prolongée, c'est-à-dire deux ou trois minutes dans de bonnes conditions de lumière. Les épreuves que donne cette préparation sont admirables de finesse et d'harmonie ; les oppositions sont moins tranchées que celles des épreuves obtenues par la préparation au serum, et les effets plus complets que ceux des papiers préparés à l'iodure seulement.

Ces résultats sont dus à des causes qu'il est peut-être utile d'étudier, afin de connaître tout le parti qu'il est possible de tirer de cette préparation.

Supposons donc une expérience, et suivons la marche des actions photogéniques sur deux papiers préparés, l'un à l'iodure seulement, et l'autre à l'albumine.

S'il faut vingt secondes d'exposition à la chambre noire pour obtenir d'un papier ioduré une action photogénique qui donne aux lumières de l'image leur maximum d'intensité, si les ombres ont pu être fouillées, si les clairs-obscurs ont pu s'impressionner suffisamment pendant le même temps d'exposition, l'image sera parfaite; mais si la lumière des parties fortement éclairées a été trop vive par rapport aux ombres, cet effet n'aura pas été produit, l'image manquera d'harmonie, puisque les lumières seront trop claires et les ombres trop noires.

Pour arriver à l'harmonie dans l'image, il faudrait donc pouvoir pousser l'exposition jusqu'à ce que les clairs-obscurs fussent suffisamment accusés; mais pour cela il faudrait que les parties lumineuses pussent supporter sans inconvénient l'action photogénique ainsi prolongée, et ne pas perdre leur transparence et disparaître complètement.

Or, c'est précisément ce que permettent les papiers préparés à l'albumine, car ils sont composés de deux couches photogéniques : la première est celle d'albumine, la seconde celle du papier qui est devenu photogénique par absorption d'une partie de l'iodure qui est dissous dans l'albumine.

L'exposition des papiers albuminés doit être plus ou moins prolongée, suivant les effets qu'on veut produire.

Si l'action photogénique ne s'est exercée que sur la couche d'albumine, l'épreuve ne diffère pas de celle qu'on obtient sur papier ordinaire. Les parties éclairées sont franches et nettes, et les ombres mal définies, et pas du tout fouillées. Mais, si l'on prolonge l'action photogénique quatre fois plus longtemps, oh ! alors, l'épreuve est admirable ; les clairs-obscurs sont nets, les ombres bien fouillées, et l'image dans toutes ses parties irréprochable.

Il nous est arrivé souvent de pousser l'exposition à la chambre noire, jusqu'au point de n'obtenir après le passage de l'épreuve dans l'acide gallique qu'un papier d'une apparence métallique bronzée, qui ne laissait apercevoir l'image que par transparence ; avec de telles épreuves négatives, on obtient des épreuves positives d'une beauté incomparable.

Les trois préparations de papier négatif que nous venons de décrire, présentent donc, comme on le voit, des différences essentielles dans les résultats qu'elles produisent, bien qu'elles soient toutes trois formées par le même élément photogénique, l'iodure de potassium.

Beaucoup de préparations à l'iodure de potassium ont été proposées avec addition d'autres substances : ce sont des complications sans utilité, car elles ne donnent pas plus de sensibilité à la couche photogénique ni plus de pureté dans le dessin.

Il y a une autre sorte de préparation de papier négatif qu'il importe de signaler, parce qu'elle diffère entièrement des précédentes, c'est celle qu'il est possible de faire avec les substances employées pour la préparation des plaques argentées de M. Daguerre.

---

## § IV. PRÉPARATION DU PAPIER NÉGATIF AU BROMURE D'IODE,

OU

AVEC LES SUBSTANCES DITES ACCÉLÉRATRICES EMPLOYÉES DANS LA PHOTOGRAPHIE SUR PLAQUES D'ARGENT.

---

Toutes les liqueurs dites accélératrices, employées dans la photographie sur plaques d'argent, ayant pour base l'iode en combinaison avec le chlore ou le brôme, peuvent servir à préparer du papier photogénique.

Du moins, toutes celles que nous avons pu essayer (et le nombre en est grand) nous ont donné des épreuves, et les épreuves étaient d'autant plus parfaites que la liqueur se rapprochait plus du brômure d'iode proposé par M. de Valicourt, dont en résumé elles ne sont que des modifications.

La préparation des papiers par ces substances ne saurait recevoir une application usuelle, d'abord parce qu'elle ne donne pas un résultat supérieur à celui obtenu par les préparations à l'iodure de potassium, et parce qu'elle est plus incommode par l'odeur qu'elle dégage pendant le cours des manipulations, et parce qu'enfin les papiers qui sont imprégnés de chlorure ou de brômure d'iode ont besoin d'être employés immédiatement après leur préparation. Au bout d'un jour, d'une heure même quelquefois, les éléments chimiques peuvent être volatilisés, et les papiers avoir perdu toutes leurs propriétés photogéniques.

Il y a cependant un cas dans lequel la préparation au brômure d'iode peut devenir précieuse et rendre de véritables services. C'est celui où l'on veut opérer sur papier sec. Nous indiquerons dans le Chapitre VI les conditions particulières qu'exige cette préparation.

On procède de la manière suivante pour opérer sur papier mouillé :

Dans un petit flacon bouché à l'émeri, dans lequel on aura versé un peu d'eau distillée, on laisse tomber quelques gouttes de brôme jusqu'à saturation avec excès, puis on ajoutera de l'iode grain à grain jusqu'à saturation d'iode, après quoi on versera de nouveau une goutte ou deux de brôme pour ramener la saturation au brôme.

Dans une cuvette destinée à la préparation du papier, on versera de l'eau distillée, puis du brômure d'iode en quantité suffisante pour que la liqueur prenne la nuance jaune orange.

On plonge dans cette liqueur le papier à préparer; lorsqu'il est parfaitement imprégné, on le sèche entre deux feuilles de papier buvard, et on le tient enfermé dans le cahier jusqu'au moment de le passer à l'acéto-nitrate d'argent, préparation qui précède l'exposition à la chambre noire.

## § V. PRÉPARATION DES GLACES POUR ÉPREUVES NÉGATIVES.

On bat en neige, comme il est indiqué au § III de ce Chapitre, des blancs d'œufs bien frais, dans lesquels on a versé quinze gouttes (soit 1 gramme) d'une dissolution saturée d'iodure de potassium par chaque blanc d'œuf.

On laisse reposer jusqu'à ce que cette neige revienne à l'état liquide.

La glace sur laquelle on se propose d'étendre l'albumine est nettoyée avec soin à l'alcool, et déposée sur un support qu'elle déborde.

On verse sur cette glace une quantité suffisante d'albumine, en ayant soin de ne pas laisser se former de bouillon, et on l'étend sur toute la surface de la glace, à l'aide d'un fragment de verre.

On étend ainsi l'albumine avec le plus d'uniformité possible, sur toute la surface de la glace. Lorsqu'on a acquis la certitude que l'albumine est bien adhérente, on incline la glace, et on laisse écouler l'excédant d'albumine.

Ce procédé est celui que nous avons décrit il y a plus d'un an. Nous l'avons toujours employé avec succès.

On peut cependant lui substituer avec avantage la méthode suivante. Elle est plus simple et d'une exécution plus facile.

On enduit la surface et les bords d'une glace, d'un peu de cire mêlée de suif; on applique cette glace sur une feuille de papier, on appuie de manière à rendre l'adhésion parfaite entre la glace et le papier; cela fait, on relève les bords du papier, de manière à obtenir une espèce de petite cuvette, dont le fond est formé par la glace. Lorsque les quatre coins du papier ont été relevés, on verse l'albumine dans la cuvette. On laisse séjourner l'albumine de 5 à 10 minutes. On incline alors légèrement la glace, de manière à faire écouler l'excès d'albumine. Après avoir laissé la glace pendant quelques moments dans la position verticale, on la replace à plat, sur une surface qui soit bien horizontale et de niveau.

Dans tous le cours des opérations il faut veiller avec le plus grand soin à ne pas toucher la surface d'albumine avec la main.

Par ce procédé, la préparation des glaces n'offre pas plus de difffculté que celle du papier.

L'albumine étant bien séchée, on la soumet à une température suffisamment élevée pour la faire fendiller légèrement, ayant soin surtout d'arrêter l'action lorsqu'elle commence à s'écailler. Ainsi préparée, la glace albuminée peut être conservée indéfiniment si on la tient à l'abri de l'humidité.

Il est bon de préparer, au moins huit à dix jours à l'avance, les glaces albuminées, et de les tenir dans un lieu bien sec; il est rare qu'il n'arrive pas quelque accident qui gâte l'épreuve, si on emploie la glace au moment où elle vient d'être préparée.

# CHAPITRE V.

## FORMATION DE L'ÉPREUVE NÉGATIVE SUR PAPIER MOUILLÉ.

### § I$^{er}$.

Les papiers préparés comme nous l'avons indiqué dans le Chapitre précédent n'acquièrent la propriété de former une image à la chambre obscure qu'après avoir été soumis à une seconde préparation, qui fait passer l'iodure de potassium dont ils sont imbibés à l'état d'iodure d'argent.

Quel que soit le procédé qu'on ait employé, on change l'iodure de potassium en iodure d'argent, de la manière suivante : On fait une dissolution composée de :

1 partie en poids de nitrate d'argent;
8 parties eau distillée.

Lorsque la dissolution est complète, on ajoute dans le flacon

2 parties d'acide acétique cristallisable.

Cette dissolution, que nous désignerons désormais sous le nom d'acéto-nitrate d'argent, est recueillie dans un flacon bouché à l'émeri, en verre de couleur, ou dans un flacon ordinaire recouvert de papier noir, afin de la garantir de l'action de la lumière.

L'acéto-nitrate d'argent se conserve indéfiniment. Si, à la longue, il avait perdu une partie de sa sensibilité, l'addition d'une petite quantité d'acide acétique suffirait pour la lui rendre.

Il est bon de ne jamais se servir de l'acéto-nitrate d'argent sans filtrer la portion dont on doit faire usage ; il est prudent de borner la filtration à cette seule quantité, afin d'éviter l'évaporation de l'acide acétique.

Pour passer les papiers à l'acéto-nitrate d'argent, on dépose sur un support bien callé une des glaces du châssis de la chambre noire. Cette glace, plus grande que le support, sera nettoyée au moment de l'opération avec quelques gouttes d'acéto-nitrate, et non avec de l'éther ou de l'alcool, qui ne permettent jamais à l'acéto-nitrate de s'étendre aussi facilement sur la glace.

Tous ces petits soins sont indispensables, car s'il restait quelque impureté sur la glace, ou si la dissolution en contenait, l'épreuve serait défectueuse.

Le mieux est d'opérer de la manière suivante :

Dans un petit entonnoir en verre, bien essuyé, garni d'un filtre en papier blanc qui n'a jamais servi, on verse l'acéto-nitrate et on promène le filtre au-dessus de la glace. On laisse tomber la liqueur goutte à goutte, en les espaçant convenablement, puis on replace le filtre sur le flacon. Afin de ne pas perdre l'acéto-nitrate d'argent, on réunit avec un carré de papier propre toutes les gouttes, et on obtient ainsi une surface uniforme.

On coupe le papier de la dimension de la glace, et on l'applique sur la surface de celle-ci par les deux coins inférieurs; en baissant peu à peu les mains qui tiennent l'autre extrémité du papier, on arrive à mettre toute la surface en contact avec l'acéto-nitrate au fur et à mesure que le papier atteint la glace et fait pression sur le liquide qu'il chasse devant lui. Si on place la bougie en face du support, on s'aperçoit aisément qu'il n'y a pas de bulles d'air entre le papier et la glace, auquel cas il faudrait les faire disparaître, soit en les chassant avec une spatule de verre, soit en soulevant entièrement le papier de la glace pour l'y replacer ensuite.

Lorsque le papier est devenu transparent, l'acéto-nitrate a produit toute son action.

Avec un papier ioduré et préparé immédiatement, comme il a été indiqué au § 1er du Chapitre précédent, cette combinaison a lieu instantanément. Si le papier a quelques jours de préparation, l'action est plus lente. Dans certaines pâtes de papier, elle exige quelquefois de deux à trois minutes pour être complète, et plus encore pour les préparations au serum et à l'albumine. Si on exposait à la chambre noire un papier qui contiendrait encore de l'iodure de potassium, l'épreuve serait marbrée, pointillée et grenue.

On rencontre quelquefois des papiers qui contiennent des matières grasses, ou qui, par suite d'un cylindrage inégal, se laissent difficilement imprégner par les liquides : il faut les rejeter; on n'en pourrait rien obtenir de bon.

C'est aux parcelles d'iodure de potassium non dissoutes qu'il faut attribuer le plus souvent les taches des épreuves négatives qui tourmentent tant les praticiens, lesquels s'en prennent tantôt à la qualité des papiers, tantôt à la pureté des substances, alors qu'elles ne sont dues qu'à un défaut d'imprégnation.

Cet accident, tout grave qu'il est, n'est cependant pas sans remède, même après l'exposition du papier à la chambre noire; en effet, les taches, comme nous venons de le dire, ne résultent que de l'iodure de potassium existant encore dans la pâte du papier; on peut donc s'assurer, au sortir de l'image de la chambre noire, si le papier en contient encore, c'est-à-dire s'il présente des parties opaques; dans ce cas, on les fait disparaître en repassant le papier à l'acéto-nitrate, qui les dissout. Sitôt que le papier présente une limpidité complète, on peut être certain que les taches qui auraient perdu l'épreuve ne paraîtront pas, puisque la cause qui les eût produites aura disparu.

Ce moyen ne doit être employé que lorsqu'il est jugé nécessaire, car l'image est affaiblie. Cependant, en prolongeant l'action de l'acide gallique, elle arrive encore à une intensité suffisante pour donner une très-bonne épreuve.

Nous avons dit qu'il fallait déposer seulement une surface du papier sur l'acéto-nitrate. Dans la préparation à l'iodure, au serum et au brômure d'iode, on choisira la surface du papier qui est la plus glacée. Dans les papiers du commerce, il y a toujours, quelle que soit la beauté des papiers, un côté plus glacé que l'autre. Il va sans dire que pour les papiers recouverts d'albumine, c'est le côté albuminé qui doit être soumis à l'acéto-nitrate.

Cela, cependant, n'est rigoureusement nécessaire que pour arriver à une action plus prompte à l'exposition; car si l'on voulait présenter à la chambre noire les envers des papiers soumis à l'acéto-nitrate, bien que les envers n'aient point été touchés par cette substance, l'image se produirait également ; elle existerait dans la profondeur du papier, serait à peine visible extérieurement, quoique très-puissante, en regardant le papier par transparence.

Cette expérience est concluante pour démontrer la nécessité de l'imprégnation profonde de l'élément chimique dans le papier, si l'on veut avoir une image très-puissante et bien dégradée, comme aussi la préférence qu'on doit donner au papier épais toutes les fois que l'opération en permet l'emploi.

Si dans le passage du papier sur l'acéto-nitrate, l'envers venait à recevoir quelques traces de cette substance, il faudrait, pour rétablir l'uniformité sur toute l'étendue du papier, verser de suite quelques gouttes d'eau sur cet acéto-nitrate et étendre le liquide sur tout l'envers du papier ; l'acéto-nitrate qui aurait touché l'envers du papier ne serait point une cause de taches, comme quelques auteurs l'ont pensé, mais bien une cause d'imprégnation inégale ; il faut donc rétablir l'uniformité de la couche sensible, puisqu'il n'y a de bons résultats que par l'uniformité d'imprégnation.

On pourrait être tenté de substituer à la glace recouverte d'une légère couche d'acéto-nitrate, une cuvette remplie de cette substance, et dans laquelle on tremperait le papier ioduré, ce qui assurerait l'uniformité et rendrait l'imprégnation complète et facile ; mais l'expérience ferait bien vite renoncer à ce moyen, parce que le bain d'acéto-nitrate conserverait une partie de l'iodure du papier ; celui-ci, moins riche en sel réductible, deviendrait moins impressionnable, ne donnerait qu'un misérable résultat, et il pourrait même arriver qu'ayant laissé tout son iodure dans le bain, il eût perdu toute sa sensibilité.

Aussi, nous ne saurions conseiller un moyen mixte assez généralement pratiqué, et qui consiste à ne déposer sur la cuvette d'acéto-nitrate qu'une surface du papier. Sans nul doute, ce moyen est plus simple, l'imprégnation uniforme, plus facile; on perd aussi moins de substance, puisqu'il n'y a de consommation que la quantité absorbée par le papier, le restant pouvant être recueilli pour des opérations ultérieures; mais ce sont là des économies de soins, de peine et d'argent, qui compromettent le succès de l'opération; le papier laisse une partie de son iodure dans le bain et perd, conséquemment, de sa sensibilité.

Les moyens qui viennent d'être décrits s'appliquent donc : à fournir aux papiers iodurés assez d'acéto-nitrate pour que tout l'iodure de potassium qu'ils contiennent passe à l'état d'iodure d'argent; à éviter avec la plus grande attention de n'en pas employer un excédant, puisque cet excédant entraîne avec lui une partie de l'iodure de potassium du papier, et en diminue la sensibilité.

Il nous reste encore quelques observations à faire au sujet de la préparation décrite au § 1er du Chapitre précédent.

C'est pour obtenir des effets plus puissants, que nous avons conseillé de tremper le papier dans un bain saturé d'iodure de potassium, en le lavant ensuite pour enlever les sels de la surface du papier.

Si dans le passage de ce papier à l'acéto-nitrate, le papier avait conservé un excédant de sels à la surface, il y aurait un précipité qui compromettrait la bonne venue de l'épreuve. Il faudrait donc rejeter cette feuille de papier et ne pas la soumettre à l'exposition, puisqu'elle ne saurait rien produire de bon.

Si d'autres feuilles avaient été préparées de la même manière que celle qui viendrait d'être reconnue défectueuse, il serait prudent, avant de les soumettre à l'acéto-nitrate, de recommencer l'opération du lavage à l'eau distillée, de les essuyer ensuite au papier buvard avec les précautions prescrites pour cette manipulation ; encore n'est-il pas certain qu'on puisse ramener le papier dans un bon état.

C'est pour cette cause d'abord que nous engageons les praticiens à renoncer à préparer ce genre de papier à l'avance ; car si la préparation était défectueuse, il serait bien difficile d'y parer, même en lavant de nouveau le papier comme il vient d'être dit ; en outre, comme on l'a vu, il y a un motif plus sérieux encore, c'est celui d'assurer une combinaison plus certaine, plus uniforme, et à la fois plus facile, avec un papier préparé séance tenante. On amènerait en outre une combinaison plus riche, une épreuve plus belle, plus puissante et plus facilement obtenue, puisque le papier est plus sensible à l'action de la lumière. De tels résultats compensent bien le surcroît de peine que la préparation immédiate entraîne après elle. Nous revenons maintenant à l'opération au point où nous l'avons laissée, c'est-à-dire lorsque le papier est placé sur la glace.

Lorsque le papier est devenu transparent, caractère certain de la combinaison qui s'est opérée entre l'argent et l'iode, on recouvre le papier sensible d'une seconde feuille de papier mouillé, que nous appellerons papier doublure.

Il est de la plus grande importance, pour le succès de l'opération, que les deux feuilles de papier soient dans un contact parfait. Il faut éviter surtout l'interposition des bulles d'air, qui donneraient lieu à des solutions de continuité. On arrive facilement à ce résultat en promenant sur le papier doublure un morceau de verre dont la tranche est bien horizontale.

On recouvre alors le papier doublure d'une seconde glace, et on place le tout dans le châssis. Le moment est venu de procéder à l'exposition.

Le papier doublure destiné à être placé au dos du papier sensible sera choisi très-épais; les papiers-cartons d'une seule pâte sont préférables; ceux dont se servent les imprimeurs pour cartes de visite sont fort convenables; les plus épais sont les meilleurs, car ils entretiennent plus longtemps et plus uniformément l'humidité, cause favorable à l'action photogénique; ils seront donc trempés à l'avance, autant que possible, pour être parfaitement et uniformément empreints.

C'est dans l'eau distillée, ou l'eau de pluie essayée comme il a été dit au Chapitre précédent, que les papiers doublures devront être trempés. La pureté de l'eau est aussi nécessaire pour les papiers doublures que pour les papiers sensibles, et cela se conçoit, puisqu'ils doivent être placés sur l'envers de ceux-ci, et immédiatement en contact avec des sels d'argent, qui seraient altérés par les matières étrangères que l'eau pourrait contenir.

Lorsqu'une épreuve présente des taches au dos du papier, c'est à l'impureté des papiers doublures qu'elles sont dues. On conçoit, en effet, que si ce papier a des parcelles métalliques à sa surface, elles sont attaquées par le nitrate d'argent, qui imbibe le papier sensible. L'action de ce réactif détermine des combinaisons qui sont autant de taches au revers des épreuves;

il est donc important de choisir avec soin le papier destiné à cet usage.

Il faut aussi le préférer uni plutôt que vergé, parce que le contact avec le papier sensible sera plus parfait.

Si le papier sensible présentait un bouillon sur la surface impressionnable, il pourrait y avoir inégalité dans l'impression photogénique, puisque la partie occupée par la bulle d'air ne serait pas dans les mêmes conditions que le reste du papier. Si des bulles d'air existaient entre le papier doublure et l'envers du papier sensible, celui-ci serait taché en noir à chacune d'elles.

Quelques praticiens, fort habiles sans doute, se dispensent d'enfermer le papier sensible entre deux glaces; ils n'emploient que celle sur laquelle ils déposent le papier doublure; d'autres même remplacent cette glace par une ardoise ou par la planchette du châssis rendu imperméable au moyen d'une imbibition de cire. Le papier sensible est déposé sur le papier doublure et exposé directement à l'action de la lumière dans la chambre noire. Tout en applaudissant à leur adresse, nous ne saurions préconiser leur méthode, qui nous paraît pleine de dangers. Il ne faut en effet qu'un peu de retard dans l'opération pour produire des boursoufflures dans le papier, et partant, des taches à l'épreuve. Si l'inclinaison du châssis amène un excès de réactifs dans un angle, c'est aux dépens de l'angle opposé qui l'a perdu; le papier cesse donc d'être dans les mêmes conditions de sensibilité à la lumière. Ajoutons qu'un mouvement donné au châssis en sens inverse de la pente qui a accumulé la substance dans une partie, peut la faire déverser sur le papier, ce qui produit des taches qui perdent infailliblement l'épreuve.

Pour une économie de manipulation, pour une différence de sensibilité inappréciable selon nous, nous ne saurions renoncer au bénéfice d'un moyen qui délivre de tous ces accidents, laisse toute sécurité à l'opérateur, en lui permettant en outre de différer plus longtemps le moment de l'exposition à la chambre noire.

---

## § II. DE L'EXPOSITION A LA CHAMBRE NOIRE.

Nous avons fait connaître dans les Chapitres précédents les propriétés particulières de quatre préparations rendues sensibles par leur combinaison avec l'acéto-nitrate d'argent.

Nous n'avons donc pas à nous occuper ici ni du choix des modèles, ni du temps d'exposition, mais seulement des dispositions générales de l'opération au point de vue de l'instrument optique, auquel nous allons demander notre image photogénique.

Les papiers sensibles placés dans les châssis sont enfermés entre deux glaces, comme il a été dit au § précédent.

Le premier soin à prendre, est d'essuyer bien parfaitement la surface de la glace qui va être présentée à la lumière dans l'intérieur de la chambre noire, puisque, plus elle sera pure, plus elle permettra le passage des rayons lumineux qui doivent la traverser pour exercer leur action sur la couche photogénique.

C'est un soin qu'il faut prendre aussi pour les verres des objectifs, seulement ceux-ci ne doivent être nettoyés qu'à sec et avec une peau de daim bien douce.

Lorsque la chambre noire est restée enfermée et qu'elle doit être transportée dans une atmosphère nouvelle, ou exposée aux rayons du soleil, il est rare que l'intérieur ne se remplisse pas de vapeurs; dans cet état, il serait impossible d'obtenir une image sur la couche sensible, puisque les rayons lumineux seraient arrêtés par la couche de vapeurs condensées sur l'objectif; il est donc indispensable, avant de procéder à l'exposition, de mettre l'intérieur de la boîte en communication avec l'air du local où l'on doit opérer, en enlevant quelque temps à l'avance le châssis garni du verre dépoli qui sert à la fermer, et si l'opération doit avoir lieu au soleil, de faire arriver ses rayons dans l'intérieur de la boîte, ne fût-ce que pendant quelques minutes.

L'opérateur, pour être certain de réussir, doit connaître l'instrument qu'il emploie; nous avons déjà dit quelle marche il doit suivre pour ne pas amener de déformation dans l'image. En s'éloignant suffisamment du modèle à reproduire, il peut arriver à une très-grande exactitude, et corriger l'effet généralement trop outré de la perspective linéaire. Il faut donc employer le plus grand instrument possible, et réduire l'image à la plus petite dimension qu'on puisse lui donner.

Les photographistes qui ont fait une industrie du portrait, comme les amateurs qui ont cherché exclusivement ce résultat, se sont plus préoccupés de l'accélération de l'opération que de la beauté du résultat sous le rapport de la vérité et de l'exactitude du dessin; ils ont donc donné une préférence presqu'exclusive aux instruments à court foyer. Heureusement, nos plus habiles constructeurs n'ont point sacrifié à un besoin momentané la perfection de leurs appareils ; ils n'ont point escompté le présent au préjudice de l'avenir ; c'est une sage et heureuse inspiration, car la presque instantanéité de la formation de l'image photogénique avec des instruments répartissant bien uniformément la lumière dans toute l'étendue du tableau, si elle n'est résolue au moment où nous écrivons, le sera peut-être demain ; nous n'avons donc pas à nous occuper de catégories d'instruments, et nous pouvons supposer l'opérateur pourvu d'un instrument parfait.

Dans ces conditions d'optique, l'image ne peut être défectueuse que par un défaut de mise au point, c'est-à-dire dans le cas où la surface impressionnable qui doit recevoir les rayons lumineux n'occuperait pas le plan du verre dépoli sur lequel s'est dessinée l'image perçue par l'œil, ou dans le cas où la perception visuelle de l'image ne serait point dans le plan de la réunion des rayons photogéniques qui doivent seuls former cette image, condition que présentent certaines constructions d'objectifs, selon la savante remarque de M. Claudet.

Il faut donc, avant de se servir d'un instrument nouveau, suivre la méthode qu'a donnée ce savant praticien pour s'assurer si le foyer apparent est bien le même que le foyer optique. En groupant quatre ou cinq objets devant l'objectif, mettant au point celui du milieu, celui de ces objets qui sera rendu avec le plus de netteté, indiquera le point réel du foyer chimique ; l'opérateur saura donc sur quel plan il devra viser l'instrument pour obtenir le résultat qu'il désire.

## § III. DÉVELOPPEMENTS DE L'IMAGE PAR L'ACIDE GALLIQUE.

On fait dissoudre dans un flacon d'eau distillée, de l'acide gallique jusqu'à saturation, et on laisse dans le flacon un excès d'acide gallique.

On filtre dans un autre flacon la quantité de cette dissolution dont on a besoin, au moment de l'employer, et s'il en reste un excédant après les opérations, on le reverse dans le premier flacon.

La filtration a pour objet de séparer les cristaux qui ne seraient pas dissous, ou les espèces de champignons qui se développent dans la dissolution lorsqu'elle est préparée depuis quelque temps.

Au sortir de la chambre noire, bien que l'image se soit formée, elle ne paraît pas; pour la rendre apparente, il faut passer le papier à l'acide gallique.

Voici comment on procède à cette opération :

On verse dans une cuvette plus grande que l'épreuve, une

couche de la dissolution filtrée d'acide gallique, dans laquelle on plonge l'épreuve en agitant vivement pour qu'il se produise une action immédiate sur toute la surface du papier. Bientôt l'image apparaît; on continue d'agiter la cuvette, pour égaliser l'action et éviter qu'elle ne se localise en quelques parties, à l'exclusion des autres.

Il est de la plus haute importance de rendre l'action de l'acide gallique immédiate et uniforme sur toute la surface du papier, car, si dès la première impression, cette uniformité ne s'établit pas, il est impossible d'y remédier, et l'épreuve est sans harmonie.

Pour qu'une épreuve négative ait toutes les qualités requises, il faut que l'image se produise non-seulement à la surface du papier, mais dans l'intérieur même de la pâte, conséquemment que l'action des réactifs s'étende dans toute son épaisseur. Aussi, pour reconnaître que l'action de l'acide gallique a été suffisamment prolongée, ne faut-il pas se borner à l'examen de la surface de l'épreuve, il faut la regarder par transparence, et l'arrêter, lorsqu'on reconnaît qu'elle a pénétré dans l'intérieur du papier.

Telle épreuve, qui paraît noire à la surface et dont l'image est bien assurée, ne donnerait qu'une épreuve positive médiocre, lorsque telle autre, d'un aspect gris-clair, en produirait d'excellentes.

Cette différence vient de ce que, dans le premier cas, l'acide gallique n'a agi qu'à la surface du papier, avec une grande énergie, tandis que dans le second cas, bien que plus ménagée à la surface, l'action s'est étendue dans toute son épaisseur.

L'examen de l'épreuve négative, par transparence, est donc d'une absolue nécessité.

Excepté le cas où l'on opère sur du papier albuminé, il est toujours prudent de ne pas prolonger trop longtemps l'action de l'acide gallique, car, sans cette précaution, les détails et les parties ombrées sont sans air ni lumière, et n'ont pas la netteté qui fait le charme des épreuves.

Les parties éclairées du modèle sont accusées en noir dans les épreuves négatives, et lorsque ces noirs sont trop puissants, l'épreuve positive n'a plus d'harmonie, il y a exagération dans les effets de lumière.

En procédant avec ménagement, on évite tous ces inconvénients, et s'il arrive que par suite de ces ménagements l'épreuve manque de dessin dans les ombres, ou de brillant dans les lumières, c'est un inconvénient qui n'est pas irréparable, et auquel on peut remédier par des moyens que nous indiquerons plus tard.

Avec des épreuves négatives à peine accusées, on peut obtenir des épreuves positives, parfaites de netteté et de fini, ce qui n'est possible dans aucun cas, lorsque l'épreuve négative est trop puissante.

Les papiers préparés à l'iodure saturé acquièrent de suite, dans l'acide gallique, une vive coloration. L'image apparait presque immédiatement.

Il est de la plus haute importance de surveiller cette portion de l'opération avec le plus grand soin.

Les papiers préparés au serum sont plus résistants à l'action de la chambre noire et à celle de l'acide gallique, ils demandent donc infiniment plus de temps, surtout pour faire ressortir les détails dans les masses ombrées. Il ne faut pas craindre, lorsqu'on emploie cette préparation, de prolonger l'action de l'acide gallique. La limite extrême de cette action, est le moment où les détails des parties éclairées commencent à s'effacer et les contours à perdre leur netteté.

Nous avons déjà expliqué en partie les modifications que les papiers albuminés éprouvent pendant leur exposition à la chambre noire. Sous l'influence de l'acide gallique, l'image apparaît de suite dans toutes les parties, elle se développe en s'imprégnant de plus en plus profondément dans la couche d'albumine, puis dans la pâte du papier lui-même. Il faudra à l'opérateur un peu de pratique pour pouvoir tirer tout le profit que lui présente cette préparation, la plus riche et la plus complète de celles sur papier, puisqu'elle donne à la fois les épreuves les plus fines, les effets les plus doux, les plus suaves et aussi les plus puissants.

La préparation au brômure d'iode se comporte, avec l'acide gallique, à peu près comme celle au serum, du reste cette préparation n'est présentée ici que comme une ressource et un expédient, lorsqu'on ne peut avoir recours à un autre moyen, car l'image se développe lentement et acquiert rarement les qualités qui font une épreuve parfaite.

Un des grands écueils de la photographie vient des taches qui naissent après l'exposition sur l'envers des épreuves négatives.

Dans la formation de l'image sur l'épreuve positive, on sait que l'épreuve négative est traversée par la lumière; les parties noires de l'épreuve négative font obstacle à la lumière en raison de leur intensité; le dessin positif devient ainsi la reproduction du dessin négatif, dans l'ordre inverse des lumières. Ce dessin est pur si l'épreuve négative n'est que la reproduction exacte de l'image formée à la chambre noire, mais si l'envers des épreuves négatives est taché, les taches font obstacle à la lumière, elles sont donc un second dessin ajouté au premier, et partant l'épreuve positive les reproduit aussi, ce qui la rend plus ou moins défectueuse.

Ces taches sur l'envers des épreuves négatives se produisent le plus souvent pendant l'action de l'acide gallique, on les a généralement attribuées à cet agent, et tous les praticiens ont multiplié les précautions pour les éviter. On prescrit, par exemple, de garantir l'envers des épreuves du contact de l'acide gallique. Or, c'est là une erreur; l'acide gallique n'est pas la cause des taches.

Lorsqu'on fait agir l'acide gallique sur la surface du papier, au lieu de plonger le papier tout entier dans le bain, il se produit des taches, toutes les fois que la dissolution touche l'envers de l'épreuve.

Cet effet est facile à comprendre. L'envers de l'épreuve contient toujours une certaine quantité de sel d'argent, précipité et non réduit par la lumière, et lorsque la dissolution d'acide gallique la mouille, il se forme un gallate d'argent qui s'incruste dans le papier et forme des taches d'autant plus fortes, que la quantité de sel d'argent était plus grande.

Après avoir reconnu que la cause des taches était tout entière dans la présence d'une certaine quantité de sel d'argent sur le *verso* de l'épreuve, nous avons conseillé de plonger les épreuves dans un bain d'acide gallique, au lieu de le faire agir sur le *recto* seulement. Par cette simple modification dans le procédé, on évite les taches, car en entraînant dans le bain le sel d'argent du *verso* de l'épreuve, on supprime la cause qui les produisait.

Les sels d'argent, dissous par le bain, sont en trop petite quantité pour agir comme teinture sur le papier. L'action du bain se borne à la réduction des sels qui produit l'image. Cette action peut être prolongée jusqu'à ce que l'acide gallique ait produit tout son effet, sans colorer pour cela le papier. On peut donc par ce moyen donner à l'épreuve toute la puissance désirable sans la tacher.

C'est par le même motif qu'on peut dégager des effets puissants, malgré une exposition de courte durée à la chambre obscure.

---

## § IV. DES MOYENS POUR FIXER L'ÉPREUVE NÉGATIVE.

---

Dès que l'épreuve négative est arrivée au point où il faut la soustraire à l'action de l'acide gallique, on la lave à grande eau et on la plonge dans une dissolution de brômure de potassium.

Le brômure de potassium dissout les sels d'argent que la lumière n'a pas impressionnés et qui formeraient une masse noire sous l'épaisseur de laquelle le dessin disparaîtrait inévitablement, si on exposait l'épreuve à la lumière, au sortir du bain.

Le brômure de potassium peut être employé en dissolution plus ou moins concentrée. Cependant il est plus commode d'avoir recours à une dissolution dont le degré de concentration ne varie pas.

Celle que nous employons, est ainsi composée :

| | |
|---|---|
| Brômure de potassium | 30 gr. |
| Eau distillée | 100 gr. |

Avec cette dissolution, il suffit d'une minute ou deux pour que tout le sel d'argent qui restait encore dans le papier soit absorbé et dissous.

Après cette immersion, il faut soustraire l'épreuve à l'action du brômure qui affaiblirait trop les tons de l'image, et la purger de ce sel par quelques lavages à l'eau ordinaire avant de la sécher au papier buvard.

L'emploi d'une dissolution plus étendue de brômure n'empêcherait pas l'action corrosive de ce sel sur le dessin, et forcerait de prolonger plus longtemps l'immersion dans le bain, et d'employer une plus grande quantité de liquide, puisqu'il faut que le brômure dissolve, d'une manière ou d'une autre, tout le sel d'argent.

Le chlorure de sodium (sel de cuisine) peut remplacer le brômure. Il est moins coûteux et d'un emploi plus commode, surtout en voyage, parce qu'on le trouve partout. Il faut l'employer en dissolution saturée et laisser séjourner, pendant plusieurs heures, l'épreuve dans le bain. Ce réactif ne présente pas les mêmes dangers que le brômure, son action est plus lente, et on n'a pas à craindre, comme avec celui-ci, que l'épreuve se décolore.

Mais, de tous les réactifs auxquels on puisse avoir recours, l'hyposulfite de soude est le plus commode. Son action sur l'épreuve négative est double : non-seulement il s'empare du sel d'argent qui est en dissolution dans le papier, mais encore de celui que la lumière a légèrement réduit, et qui colore le fond de l'épreuve.

Avec l'hyposulfite, le papier devient blanc ; avec le brômure et le chlorure de sodium, il conserve une teinte jaune.

Pour que le fond de l'épreuve se décolore et que le papier

reprenne toute sa blancheur, il faut que l'épreuve séjourne dans le bain au moins pendant une heure ou deux.

Cependant, on ne doit donner la préférence à l'hyposulfite sur les deux autres réactifs, que lorsqu'on peut en surveiller l'emploi. Sans cette surveillance on s'exposerait à perdre l'épreuve, car l'action dissolvante de l'hyposulfite s'étend aux parties les plus colorées de l'épreuve, et pourrait, si on la prolongeait trop longtemps, en détruire toute l'harmonie.

Il est peu important d'employer l'hyposulfite en dissolution plus ou moins concentrée, puisqu'on suit son action sur l'épreuve, et qu'on est toujours maître de l'arrêter quand on veut.

Il suffit pour cela, de regarder de temps en temps l'épreuve par transparence. L'action est terminée lorsque les blancs de l'image ont perdu totalement la nuance jaune qu'ils avaient d'abord.

L'hyposulfite doit toujours être employé à froid. Lorsqu'il est chauffé, la dissolution agit avec une extrême énergie, attaque les noirs aussi bien que les blancs, et il est rare qu'une épreuve conserve l'harmonie qui en fait le mérite, lorsqu'elle a été soumise à ce traitement.

Mais ce qui est un danger pour de bonnes épreuves peut devenir un secours pour améliorer des épreuves qui seraient défectueuses; ainsi, lorsqu'une épreuve est perdue, soit que l'exposition à la chambre noire ait été prolongée trop longtemps, ou que l'acide gallique ait agi avec trop d'énergie, on peut la rendre encore transparente, en la soumettant à l'action dissolvante de l'hyposulfite; cependant il ne faut pas compter d'une manière générale sur l'efficacité de ce moyen.

Nous n'avons parlé jusqu'ici que de l'hyposulfite employé seul et tel qu'il est mis en usage par tout le monde. Nous allons signaler une propriété particulière et bien précieuse qu'il est possible de lui donner. En versant dans la dissolution d'hyposulfite quelques gouttes d'acide acétique, et maintenant le bain à l'état acide (ce qu'indique le papier de tournesol), les noirs de l'épreuve ne sont pas attaqués, et les demi-teintes prennent plus d'éclat et ressortent mieux.

Lorsque la dissolution d'hyposulfite a été additionnée d'acide acétique, on peut, sans inconvénient, laisser séjourner l'épreuve un jour entier dans le bain.

Dans les excursions Daguerriennes, l'opérateur n'a pas le temps de consacrer des heures entières à l'exécution des épreuves. Les moyens les plus expéditifs et les moins compliqués sont les meilleurs. Nous conseillons, dans ce cas, la dissolution de sel marin, après avoir dissous la plus grande partie de l'argent; au moyen de ce sel, on lave l'épreuve, on la place à l'abri de la lumière; et on la traite, au retour de l'excursion, par la dissolution d'hyposulfite additionnée d'acide acétique.

Il n'est pas indifférent de préparer les papiers négatifs par tous les procédés indistinctement. Le procédé, nous l'avons vu, doit varier selon l'effet qu'on désire obtenir. De même aussi, l'emploi du bain d'hyposulfite n'est pas toujours avantageux: il faut donc se rendre compte des effets qu'il produit pour savoir les cas où il faut l'employer, ou lui préférer, au contraire, le brômure ou le chlorure de sodium.

En dissolvant plus complètement le sel d'argent, qui produit sur l'épreuve une teinte jaune, l'hyposulfite donne, par cela même, aux demi-teintes plus de transparence et de netteté, mais aussi il les affaiblit, et il arrive souvent qu'en dernier résultat le dessin est à peine accusé dans l'épreuve positive.

Si on a une épreuve négative où les parties éclairées du

tableau sont accusées avec puissance, et les parties ombrées, les demi-teintes un peu dans le vague, le défaut d'harmonie que produit le contraste de ces deux effets, est encore exagéré par l'emploi de l'hyposulfite, qui agit à peine sur les parties éclairées, efface ou affaiblit beaucoup les demi-teintes, de telle sorte, qu'en dernier résultat l'épreuve, qui était médiocre, perd encore de ses qualités, et devient tout-à-fait mauvaise.

Lorsqu'on sort l'épreuve négative du bain de brômure, de sel marin, ou d'hyposulfite, on doit la laver à grande eau, puis la placer dans un grand vase rempli d'eau qu'on renouvelle plusieurs fois, afin de faire bien dégorger les sels que le papier pourrait contenir. On peut laisser séjourner les épreuves pendant vingt-quatre heures dans le bain. Ce traitement de l'épreuve est alors achevé dans ses parties les plus essentielles. Il n'y a plus qu'à la sécher, ce qui se fait en la plaçant entre plusieurs feuilles de papier buvard, que l'on renouvelle jusqu'à ce que l'épreuve ne le mouille plus.

A moins qu'une épreuve négative ne soit excessivement faible, il faut la cirer avant de l'employer à la reproduction des épreuves positives. La cire rend le papier plus transparent et ajoute beaucoup à la limpidité des teintes, elle les fond et les harmonise mieux entre elles. Elle a en outre l'avantage d'égaliser le grain du papier en bouchant les pores; elle lui donne aussi une consistance plus ferme. Une épreuve positive obtenue avec une épreuve négative qui n'a pas été cirée présente un grain de papier plus rude, des demi-teintes moins fondues, des blancs plus secs et plus découpés.

Les épreuves négatives qui ont été cirées se conservent mieux, et sont moins exposées aux accidents extérieurs; elles prennent difficilement l'humidité, tandis que les épreuves qui n'ont pas été cirées s'altèrent plus facilement. Si bien, qu'une épreuve négative qui n'a pas été cirée se tache presque toujours, lorsqu'on en tire des épreuves positives, dans des conditions où la même épreuve, si on l'avait cirée, n'aurait subi aucune altération.

Il ne faut cirer l'épreuve négative que lorsqu'elle est parfaitement sèche. On la dépose à cet effet dans une feuille de papier blanc, on saupoudre l'envers de l'épreuve avec de la cire blanche rapée (cire vierge), on ajoute une seconde feuille de papier sur la première, et on fond la cire au moyen d'un fer chaud. On doit toujours s'assurer que le fer est à la température convenable; si la cire jaunissait, il faudrait le laisser refroidir ou ajouter quelques feuilles de papier au-dessus de l'épreuve, afin d'affaiblir la chaleur.

Lorsque la cire a été fondue et l'épreuve bien imbibée, il faut la priver de l'excès de cire qu'elle contient, ce qu'on obtient en la chauffant encore, au moyen d'un fer à repasser, entre des feuilles de papier, que l'on renouvelle à mesure que la cire de l'épreuve les pénètre et s'y étend.

Avant de terminer cette opération, on doit s'assurer, en regardant l'épreuve par transparence, que la cire l'a pénétrée bien également. S'il en était autrement, il faudrait recommencer le cirage comme pour une nouvelle épreuve.

# CHAPITRE VI.

## DES PAPIERS SECS.

---

Une condition de succès, c'est d'employer les papiers peu de temps après leur préparation : à la longue ils s'altèrent et noircissent, et les résultats deviennent de plus en plus incertains.

On évite tous ces accidents, en ayant recours au serum du lait, ou au brômure d'iode.

Quelle que soit l'action de ces corps, ce que, dans l'état de la science, nous ignorons, il est certain qu'ils s'opposent à l'altération des papiers et qu'ils sont du plus utile secours en photographie.

## § I^er. PRÉPARATION DU PAPIER SEC AU SERUM.

---

La préparation du papier au serum a été décrite au § II du chapitre IV. Pour l'employer à l'état sec, il faut, après l'avoir soumis à l'acéto-nitrate, l'essuyer entre deux feuilles de papier buvard, le placer ensuite entre les deux glaces du châssis de la chambre noire, après avoir ajouté à l'envers de la feuille, une autre feuille de papier doublure qui soit lui-même parfaitement sec.

La feuille ainsi pressée entre les deux glaces, garde une surface bien plane, et conserve ses propriétés photogéniques sans altération.

Dans l'hiver, le papier épais conserve ses qualités photogéniques pendant plusieurs jours. Mais, en été il faut que le papier soit extrêmement épais pour être encore bon le lendemain.

Le papier très-mince ne se conserverait peut-être pas une heure à cette haute température, tandis qu'à 0 degré il se conserve facilement un jour.

Il importe donc de ne passer le papier à l'acéto-nitrate qu'au moment de l'employer.

Le papier sec est moins sensible que le papier mouillé, il faut en général prolonger l'exposition à la chambre noire trois fois plus longtemps.

Il faut donc renoncer au papier sec, lorsqu'il s'agit d'épreuves qu'on a besoin d'obtenir promptement. Pour les sujets inanimés, pour les monuments, où la durée de l'exposition peut être prolongée sans inconvénient, les papiers secs sont d'un usage plus commode, et lorsqu'ils sont très-épais, les épreuves sont plus fines et plus délicates, et les dégradations de lumière, plus parfaites.

---

## § II. PRÉPARATION DES PAPIERS ALBUMINÉS SECS.

Les papiers albuminés, décrits au chapitre IV, § III, peuvent être employés à l'état sec. Il suffit de les disposer comme il vient d'être dit pour les papiers au serum.

Ils sont plus altérables que les papiers au serum. Nous croyons qu'on obtiendrait des papiers excellents en les passant au serum avant de les albuminer.

## § III. PAPIERS SECS AU BROMURE D'IODE.

La préparation des papiers au brômure d'iode a été décrite au § IV du chapitre IV. Passés à l'acéto-nitrate et séchés ensuite au papier buvard, comme il vient d'être dit pour les papiers au serum, ils peuvent donner une épreuve à l'état sec, si l'exposition a lieu dans la journée de leur préparation.

On obtient un meilleur résultat en procédant de la manière suivante :

On verse dans une cuvette une dissolution de :

1 partie nitrate d'argent ;
30 parties eau distillée.

On dépose le papier sur la surface du liquide. Il faut prendre garde de ne pas laisser de bulles d'air entre la masse du liquide et le papier ; on laisse le papier une minute sur le bain, puis on le retire et on le fait égoutter en le suspendant par un des angles ; on le dépose ensuite sur une surface imperméable bien propre, sur une feuille de verre, une table de marbre, un meuble verni ou une toile cirée, etc. On le laisse sécher lentement, en évitant que le liquide ne se rassemble en masses séparées, ce qui produirait des taches sur les épreuves.

Si l'on éprouvait quelque embarras à opérer de la sorte, on pourrait sécher le papier entre plusieurs feuilles de papier buvard.

Dans un autre vase où l'on aura versé une dissolution de :

25 parties iodure de potassium,
1 partie brômure de potassium,
560 eau distillée,

on plonge entièrement le papier pendant une minute et demie, ou deux minutes si le papier est très-épais, en laissant au-dessus le côté nitraté; on le retire de ce bain, en le prenant par deux coins, et on le passe, sans le lâcher, dans un vase plus grand rempli d'eau distillée, afin de le laver et d'enlever tout dépôt de sel qui pourrait, sans cela, rester à la surface; puis, sur un cordon en fil blanc, tendu horizontalement, on l'attache avec des épingles par un ou deux coins, et on le laisse égoutter et sécher complètement. On l'enferme ensuite dans une boîte de carton, où on le conserve à l'abri de la lumière, et sans le tasser. Si on préserve ce papier de l'humidité, il est d'un usage excellent, plusieurs années après sa préparation.

Si quelques taches se formaient lorsqu'on passe le papier au bain d'iodure, il sera prudent de mettre les feuilles tachées à part, car les taches se communiqueraient aux feuilles avec lesquelles celles-ci seraient en contact.

Lorsqu'on veut disposer les papiers pour opérer à sec, on les passe au bain de brômure d'iode décrit au chapitre IV, § IV; lorsque le papier est sec, on forme un mélange de parties égales d'acéto-nitrate d'argent et d'une dissolution saturée d'acide gallique. On fait, avec de la ouate de coton, un tampon bien doux, qu'on renouvelle à chaque opération; on l'imbibe légèrement de cette nouvelle dissolution, et on le passe doucement sur la surface du papier. Pour obtenir de bons résultats, il ne faut fournir au papier que la quantité de gallo-nitrate d'argent qui est absolument nécessaire pour le faire passer de la teinte violette, qu'il avait d'abord, au blanc pur, qu'il prend sous l'influence de la nouvelle préparation.

Indépendamment de cette précaution, il est encore nécessaire d'essuyer de suite le papier ainsi blanchi entre plusieurs feuilles de papier buvard; on le place enfin sur un lit de papier doublure, également sec, entre les deux verres du châssis de la chambre noire.

Le papier ainsi préparé se conserve comme ceux au serum. Pendant l'hiver, le papier préparé dans la journée est bon jusqu'au lendemain.

Ces trois genres de papiers, que l'on peut employer à sec, ne sont pas également propres à tous les sujets : on obtient des noirs puissants avec les papiers au serum; une grande douceur, beaucoup de velouté, avec ceux à l'albumine; un effet plus uniforme, moins puissant, avec ceux au brômure d'iode.

## § IV. DÉVELOPPEMENT DE L'IMAGE SUR PAPIER SEC.

La marche à suivre pour cette opération diffère essentiellement de celle indiquée pour les papiers mouillés. Tandis que l'envers des papiers mouillés est préservé de toute espèce de taches par l'immersion de l'épreuve dans le bain d'acide gallique, les papiers secs ont leur envers profondément taché par le même acide.

Il faut donc éviter avec le plus grand soin que l'envers du papier ne soit mouillé par le bain d'acide gallique. Au surplus, rien n'est plus facile. Pour cela, on verse un peu d'acide gallique dissous dans l'eau sur une glace bien calée, qui déborde le support sur lequel elle repose, et qui soit moins grande d'un demi-centimètre en hauteur et en largeur que le papier impressionné que l'on doit placer sur sa surface.

En soulevant le papier, et en le regardant de temps en temps par transparence à la lumière d'une bougie, on voit l'image se développer et on la soustrait à l'action de l'acide gallique lorsqu'elle a acquis toute la vigueur et toute la netteté désirables.

On procède de la même manière pour les papiers au serum et à l'albumine; pour les papiers au brômure d'iode, on fait venir l'épreuve en frottant le papier avec le mélange d'acéto-nitrate et d'acide gallique, comme lorsqu'il s'est agi de l'exposer à la chambre noire. C'est absolument la même opération à refaire une seconde fois.

Il sera bon de ne faire le mélange de l'acéto-nitrate et d'acide gallique qu'au moment de s'en servir, car cette préparation se colore au bout de quelques minutes et alors le résultat est défectueux.

L'addition du nitrate d'argent à la dissolution d'acide gallique n'est utile, lorsqu'on emploie les papiers au brômure d'iode, que pour obtenir un effet plus énergique; car en prolongeant la durée de l'exposition l'acide gallique suffit parfaitement.

Lorsque l'acide gallique a produit toute son action, et que l'épreuve a acquis toute la puissance désirable, on la lave à grande eau, et on la fixe soit avec le brômure de potassium, ou l'hyposulfite, comme il a été dit au § IV du chapitre V, pour les épreuves obtenues par la voie humide.

# CHAPITRE VII.

## FORMATION DE L'ÉPREUVE NÉGATIVE SUR PLAQUES DE VERRE, PAR LA VOIE HUMIDE ET PAR LA VOIE SÈCHE.

### § Ier.

L'albumine iodurée, étendue sur le verre, suivant le procédé décrit au chapitre IV, § V, n'acquiert la propriété photogénique, qu'après avoir été soumise à l'acéto-nitrate d'argent, qui fait passer l'iodure de potassium à l'état d'iodure d'argent.

L'albumine ne joue aucun rôle chimique dans les réactions, elle n'est qu'un milieu dans lequel sont suspendus les sels photogéniques.

Bien différente des papiers, qui, composés de matières végétales, de colle, et parfois de certains sels, deviennent susceptibles d'altération sous l'action des combinaisons chimiques, l'albumine reste inerte dans tout le cours des réactions, c'est de son état physique seulement dont il faut se préoccuper.

L'albumine devient insoluble lorsqu'on la chauffe au-dessus de 70 degrés ; l'acide acétique qui entre dans la préparation de l'acéto-nitrate d'argent produit le même effet qu'une élévation de température, et c'est sur cette propriété que reposent, en grande partie, les avantages de l'emploi de l'albumine.

Mais en se coagulant, l'albumine se contracte, et il faut que toute la couche d'albumine subisse, dans le même moment, ce changement d'état, sans quoi elle se divise et forme autant de sections qu'il y a eu de temps d'arrêt dans l'opération.

Citons un exemple :

Si, sur une feuille de verre couverte d'albumine, on laisse tomber quelques gouttes d'acéto-nitrate, il s'opère une coagulation partielle, et localisée à la place où les gouttes sont tombées.

La première précaution qu'on doive prendre lorsqu'on soumet les glaces albuminées à l'acéto-nitrate, c'est de les plonger dans la dissolution dans un seul temps, car, autrement, la couche présenterait des solutions de continuité, les intervalles de mouvement fussent-ils inappréciables.

Si l'on avait un grand nombre de glaces à préparer, le mieux est d'avoir un vase suffisamment profond, dans lequel on plonge verticalement et successivement toutes les glaces.

A défaut de ce moyen, qui exige un appareil spécial, nous avons décrit autrefois une méthode aussi simple que commode, et qui présente l'avantage de ne pas grossir le bagage daguerrien, puisque la même cuvette qu'on emploie à cet usage peut servir pour les autres opérations.

Ce moyen consiste à verser dans une cuvette dont le fond est bien uni, une couche d'acéto-nitrate d'environ un demi-centimètre; en soulevant la cuvette de la main gauche on fait écouler le liquide dans la partie opposée; on prend alors la glace de la main droite, le côté albuminé regarde le liquide; par un double mouvement, on laisse tomber la glace dans la cuvette, et on abaisse celle-ci sur la table. Si ces deux mouvements ont été bien combinés, l'albumine de la glace est coagulée d'un seul coup; et sa surface ne présente pas de solution de continuité.

Si le fond de la cuvette n'était pas parfaitement uni, on aurait à craindre que la couche d'albumine fût altérée. Pour parer à cet inconvénient, il suffit de placer dans le fond de la cuvette, et contre les bords inférieurs, un peu de cire molle, de manière que la glace, en tombant sur le fond, soit soutenue à son extrémité inférieure et reste suspendue de quelques millimètres au-dessus du fond de la cuvette; tandis que les papiers iodurés ne s'imprègnent que peu à peu d'acéto-nitrate d'argent, suivant la nature de leur encollage, l'albumine qu'on étend sur le verre entre instantanément en combinaison avec ce corps. Il faut donc la sortir le plus tôt possible du bain d'acéto-nitrate.

Dès que la glace a touché l'acéto-nitrate, la couche d'albumine qui la recouvre est photogénique, et on peut l'exposer immédiatement à la chambre noire; mais, si on est forcé d'attendre avant d'employer la glace, il faut, après l'avoir sortie de la cuvette, la passer à l'eau distillée; ce qui a lieu en laissant tomber la glace dans une cuvette à moitié remplie d'eau distillée, le côté albuminé en haut; on agite vivement la glace, afin de hâter la dissolution de la partie surabondante d'acéto-nitrate d'argent qui ne s'est pas combinée avec l'albumine.

Il est essentiel, pour ne pas diminuer la sensibilité photogénique de l'albumine, de laver la glace dans une très-petite quantité d'eau, et de la soustraire à ce lavage dès que l'eau a cessé de former une surface irrisée sur l'albumine.

Lorsqu'on a lavé la glace, on peut l'exposer à la chambre obscure, soit immédiatement à l'état mouillé, soit dix ou quinze jours après, à l'état sec. Dans ce dernier cas, il faut avoir soin de la garantir avec le plus grand soin de la lumière du jour.

Il est nécessaire, dans l'un comme dans l'autre cas, de faire bien égoutter l'eau qui reste à la surface de la couche d'albumine lorsqu'on retire la glace de l'eau de lavage; pour cela, il suffit de prendre la glace par les tranches et de frapper quelque temps l'un des angles sur la table où on opère; tout excès de liquide s'écoule par cet angle, et la couche s'essuie uniformément.

Si les glaces sont destinées à être employées dans un temps plus éloigné, il faut les laisser sécher complètement, et les placer ensuite dans une boîte à rainure, ou, à défaut de cette boîte, dans un cahier de papier blanc, chaque glace dans une feuille de papier séparée, et le cahier lui-même déposé ensuite dans une boîte de carton. Dans tous les cas, et quel que soit le procédé auquel on ait recours, il faut veiller à ce que la surface de l'albumine ne soit pas altérée par le contact d'un corps étranger.

Lorsqu'on emploie les glaces immédiatement après leur préparation, il ne faut pas laisser sécher la couche d'albumine; dès qu'elle a été secouée comme nous l'avons dit, pour faire écouler les gouttelettes d'eau qui auraient pu rester à la surface, il est bon de la placer dans le châssis de la chambre noire, et de maintenir celui-ci horizontalement jusqu'au moment de l'exposition, afin de conserver une humidité bien égale sur toute la surface de la couche sensible.

On s'assure que le couvercle du châssis de la chambre noire est bien propre, qu'il est exempt de poussière et de gouttes d'eau qui tomberaient sur l'albumine et formeraient des taches.

Avant de déposer la glace albuminée dans le châssis de la chambre noire, l'opérateur peut être fixé sur les qualités de sa préparation, l'albumine sous l'action de l'acéto-nitrate a pris un aspect nacré; vue par transparence à travers la bougie, il est facile de reconnaître si la couche est bien égale, bien pure, d'apercevoir les plus légères défectuosités, qui sont, en général, moins graves qu'on ne serait tenté de le supposer d'après leur aspect.

Lorsqu'une glace est altérée dans l'une de ses parties, on peut l'utiliser encore en ramenant l'image dans la partie qui est restée intacte.

Les glaces albuminées sont peu sensibles à l'action de la lumière; pour dégager une bonne épreuve, il faut une exposition de plus d'un quart-d'heure au soleil avec l'objectif ordinaire.

Il en résulte qu'on ne peut employer ce procédé que pour des sujets inanimés. Les résultats seront rendus avec plus ou moins de perfection, suivant que les modèles seront plus ou moins éclairés.

Nous avons dit dans le Chapitre II, tous les inconvénients auxquels donnent lieu des lumières trop vives.

Une vive lumière a le double inconvénient de hâter l'impression des parties éclairées et de retarder l'impression des ombres.

On a toutes sortes d'avantages à opérer à une faible lumière et à prolonger en conséquence la durée de l'exposition.

Lorsque l'exposition a été poussée très-loin, l'image est apparente au sortir de la chambre noire. Il suffit alors d'une légère dissolution d'acide gallique pour lui donner toute son intensité. Au lieu d'employer l'acide gallique saturé comme dans les cas ordinaires, il est préférable de l'employer en dissolution très-étendue.

Si l'image est très-apparente au sortir de la chambre obscure, il faut laver la glace à grande eau avant de la passer à l'acide gallique.

Dans ce cas il ne faut laisser séjourner la glace dans le bain d'acide gallique que très-peu de temps, l'effet de l'acide gallique étant sensible à l'œil, l'opérateur apprécie facilement le moment où il doit soustraire l'épreuve à son action.

Nous allons maintenant nous occuper du résultat obtenu dans des conditions opposées.

Lorsque l'exposition a eu lieu à une douce lumière et par un temps froid, il arrive que la glace albuminée, même après avoir séjourné quelque temps dans le bain d'acide gallique saturé, n'accuse pas d'image. La glace n'a pas changé d'aspect. Il suffit alors d'ajouter au bain quelques gouttes d'acéto-nitrate pour la faire paraître aussitôt et la développer même au-delà du point nécessaire.

Il faut apporter dans l'emploi de ce moyen une extrême réserve, car si on ajoutait au bain d'acide gallique trop d'acéto-nitrate, ou si la glace albuminée restait quelque temps sous l'influence de son action, l'épreuve serait très-sérieusement compromise.

Il pourrait arriver que la couche d'albumine fût perforée dans les noirs de l'image, c'est-à-dire dans les parties les plus vivement impressionnées par la lumière et ensuite par l'acéto-nitrate. Cette perforation, qui n'est apparente qu'en regardant l'épreuve à travers la bougie, produit sur les épreuves positives, un pointillé noir qui les altère profondément.

Si on prolongeait trop longtemps le séjour de la glace dans le bain de gallo-nitrate d'argent, il pourrait en résulter des noirs d'une trop grande intensité, en sorte que l'épreuve perdrait la totalité ou au moins une partie de sa transparence.

Les lumières seraient accusées avec trop d'éclat et de sécheresse. Le tableau pècherait alors par un défaut d'harmonie.

Si nous accordons une si grande importance à ces recommandations, c'est que nous savons par expérience combien les opérateurs sont impatients lorsqu'il faut attendre, plusieurs heures, un résultat qu'on peut obtenir en quelques minutes.

Cependant il y a tout à gagner à temporiser, car une épreuve qui se développe lentement à l'acide gallique arrive souvent avec une admirable perfection.

Mais cette sage réserve n'est pas toujours possible, il y a des épreuves qui ont été obtenues par une lumière trop faible pour se développer sans le concours d'un agent chimique énergique. L'acéto-nitrate devient alors d'un emploi précieux, seulement il faut en suivre l'action et la modérer. L'expérience seule peut enseigner l'opportunité et la mesure dans laquelle il faut employer ce moyen.

Nous terminerons par une dernière recommandation.

Contrairement à ce qui se passe pour les épreuves négatives sur papier, lesquelles paraissent dans le bain d'acide gallique beaucoup plus intenses qu'elles ne le sont en réalité, lorsque les papiers ont été préparés simplement à l'iodure de potassium, les épreuves sur verre sont au contraire une fois au moins plus puissantes qu'on ne serait tenté de le supposer, d'après leur aspect ; il faut donc les soustraire à l'action du bain, bien avant qu'elles ne paraissent suffisamment accusées.

Du reste, si elles étaient trop faibles, même après avoir fourni des épreuves positives, rien ne s'opposerait à ce qu'elles fussent soumises de nouveau à l'acide gallique, pour les amener au point de coloration nécessaire.

L'addition d'une goutte d'acéto-nitrate au bain d'acide gallique sera alors d'un très-bon effet.

---

## § II. FIXATION DE L'ÉPREUVE NÉGATIVE SUR VERRE.

Dès que la glace albuminée est soustraite à l'action du bain d'acide gallique, elle doit être lavée à grande eau, puis déposée dans une cuvette qui contient une dissolution de brômure de potassium.

La quantité de brômure de potassium est absolument indifférente; si la dissolution est faible, on laissera tremper l'épreuve plus longtemps; si elle est concentrée, il suffira d'une minute pour faire absorber tout le sel d'argent qui est resté libre sur la couche d'albumine.

Pour ménager cette substance assez coûteuse, on peut en mettre une petite quantité dans la cuvette et agiter celle-ci lorsqu'on y a déposé la glace de manière à promener la dissolution sur la surface de l'épreuve ; au bout d'une minute ou deux, la dissolution de brômure prend une couleur verte, résultat de sa combinaison avec les sels que l'épreuve contient encore.

Lorsque les glaces sont préparées depuis peu de temps, et que l'albumine n'a pas eu le temps de sécher, il se forme quelquefois des espèces de cloches sur l'épreuve, lorsqu'on fait tremper la glace dans l'acide gallique ; le seul moyen d'éviter cet accident, c'est de hâter toutes les opérations et de terminer l'épreuve au plus vite.

Après le passage de l'épreuve au brômure, on la lave à grande eau et on la sèche en la plaçant sur un des coins, pour faciliter l'écoulement du liquide et activer la dessiccation.

Il est prudent de faire sécher les glaces dans la chambre obscure, car si les lavages étaient incomplets, l'épreuve serait plus facilement altérée par la lumière.

De même, s'il s'était formé des cloches dans la couche d'albumine, il faudrait laisser l'épreuve dans l'obscurité la plus absolue.

On devra même, alors, la passer de nouveau au brômure, après l'avoir séchée une première fois.

Le second passage au brômure et le lavage qui le suivra, seront exécutés le plus rapidement possible, pour éviter la réapparition des cloches, qui aurait lieu inévitablement si les bains se prolongeaient. Toutes ces opérations devront s'exécuter dans la chambre obscure.

---

## § III. DES MOYENS ACCÉLÉRATEURS.

---

L'albumine iodurée est moins sensible à l'action de la lumière sur une glace que sur une feuille de papier.

En cherchant la raison de cette différence, on voit qu'elle est due à ce que l'albumine acquiert sur le papier une porosité qui la dispose à l'action photogénique, tandis qu'étendue sur un corps imperméable, elle acquiert une compacité qui fait obstacle à l'action de la lumière dans la masse.

Cette résistance à l'action photogénique est encore augmentée, si, au lieu d'exposer la glace à la chambre obscure, lorsque l'albumine est encore humide, on la laisse sécher.

Au contraire, en la ramollissant au moyen de quelque agent chimique, on augmente la porosité, les réactifs la pénètrent avec plus de facilité et sa sensibilité augmente.

Il résulte de ces observations, que nous sommes encore à nous demander si l'extrême sensibilité, que les sels que nous allons indiquer, donnent à la couche d'albumine, ne tient pas tout simplement au ramollissement qu'ils font éprouver à celle-ci.

Si l'on verse dans le bain d'eau distillée qui sert à laver la glace au sortir de l'acéto-nitrate, 5 à 6 gouttes d'une dissolution saturée de fluorure de potassium, la couche d'albumine devient si sensible à la chambre obscure, qu'elle est impressionnée instantanément, c'est-à-dire rien qu'en démasquant l'objectif.

Lorsqu'on traite la glace par l'acide gallique, pour fixer l'image, on éprouve une grande difficulté, l'albumine se soulève en partie de la glace, surtout aux extrémités.

En évitant d'agiter la glace dans le bain d'acide gallique, on diminue la gravité de ces accidents, qu'on peut réparer même complètement et sans laisser aucune trace si l'on opère avec adresse; pour cela, en plonge la glace, au sortir du bain d'acide gallique, dans une dissolution très-concentrée de brômure de potassium, ou mieux encore, dans une vieille dissolution d'hyposulfite de soude.

Tous ces bains, et en particulier celui d'hyposulfite, ont la propriété de faire adhérer de nouveau l'albumine qui s'était détachée de la surface de la glace.

Mais là ne se borne pas le danger de perdre l'épreuve; le fluorure, s'il a été employé en trop grande proportion, a tellement desséché l'albumine, que celle-ci ne peut plus être exposée au contact de l'air sec ou de l'air un peu chaud, sans se fendiller ou se soulever entièrement de la glace.

Il faut donc, pour conserver ces épreuves, les faire sécher dans un lieu humide et obscur, et ne les sortir qu'en exerçant sur l'albumine une forte pression par le dépôt d'une feuille de papier que l'on charge d'une glace très-lourde.

Nous indiquerons plus tard, en traitant des épreuves positives, comment on doit s'y prendre pour ne pas perdre cette image si fragile, et dans quelle limite il est possible d'en tirer parti.

On conçoit qu'on doive être peu tenté d'opérer sur glace, après ce que nous venons de dire de tous les accidents auxquels on est exposé. Cependant on peut éviter une partie des accidents, en diminuant la quantité de fluorure. En réduisant la dose à une seule goutte, on obtient une glace quinze ou vingt fois plus sensible qu'elle ne le serait sans la présence de ce corps, et on n'a plus à redouter la perte de l'épreuve pendant ou après son développement.

L'expérience fera donc connaître les proportions qu'il est convenable d'employer, selon les effets qu'on veut produire et le temps qu'on peut affecter à l'exposition.

On pourrait peut-être, au moyen de quelques corps nouveaux, prévenir la dessiccation de l'albumine. Nous aurions bien désiré achever cette étude, avant de livrer ce chapitre à l'impression; mais à la naissance d'un art comme celui dont nous nous occupons, si nous attendions la solution des problèmes devant lesquels nous sommes placés pour publier nos essais, nous serions condamnés à garder indéfiniment pour nous le résultat d'expériences dont la connaissance peut amener d'utiles progrès, par le concours et l'habileté des amateurs auxquels nous les livrons.

Il ne faut pas s'effrayer si l'on remarque que le bain qui contient un peu de fluorure, prend une teinte laiteuse lorsqu'on y plonge la glace albuminée, au sortir de l'acéto-nitrate : cette teinte laiteuse est due au fluorure d'argent qui s'est formé; en agitant fortement et en faisant écouler tout excès de liquide, comme nous l'avons dit précédemment, il n'en résulte aucun accident.

Le cyanure de potassium a des propriétés presqu'aussi accélératrices que le fluorure, en l'employant dans les mêmes conditions.

Son action sur l'albumine est moins corrosive; aussi peut-on en augmenter la proportion.

Il suffit de verser 5 à 6 gouttes d'une dissolution saturée de cyanure de potassium dans le bain, pour donner à la couche d'albumine sur verre une extrême sensibilité.

Le précipité qui se forme lorsqu'on plonge la glace dans le bain est très-abondant, mais en agitant fortement la cuvette on voit qu'il se dissout peu à peu, c'est alors qu'il faut retirer la glace et la faire égoutter comme il a été dit précédemment.

Plus les manipulations s'exécutent avec célérité, plus la couche reste riche en matière réductible.

Ces moyens accélérateurs exigent qu'on expose la glace à la chambre obscure, pendant que l'albumine est encore humide. Si on la laissait sécher, l'albumine s'altérerait, et le résultat de l'opération serait compromis.

Les papiers préparés comme nous l'avons indiqué aux chap. IV et VI, acquièrent une plus grande sensibilité si on ajoute un peu de cyanure de potassium au bain d'iodure.

Et par une anomalie bien remarquable, le fluorure de potassium, qui donne une sensibilité si grande aux glaces albuminées, sans produire de taches, n'a pu être employé jusqu'à présent, dans la préparation des papiers, par suite des accidents qu'il fait naître.

# CHAPITRE VIII.

## PRÉPARATIONS DES PAPIERS POUR L'ÉPREUVE POSITIVE.

### § Ier. PRÉPARATION AU CHLORURE DE SODIUM ET AU NITRATE D'ARGENT.

On dissout 1 partie en poids de chlorure de sodium (sel marin, sel de cuisine) dans 10 parties d'eau distillée; on filtre, et on verse la dissolution dans un vase plus grand que le papier.

On dépose chaque feuille de papier sur la surface du bain, et on prolonge le contact jusqu'à ce que la feuille soit bien aplatie; 2 ou 3 minutes suffisent si le papier n'est pas trop épais, on sèche chaque feuille au papier buvard, que l'on renouvelle jusqu'à ce qu'il ne soit plus mouillé, de la même manière qu'il a été indiqué dans la préparation du papier négatif.

Dans un autre vase qui contient une dissolution de :

1 partie nitrate d'argent,
4 parties eau distillée,

on dépose la surface du papier qui vient d'être imbibée de sel marin ; l'état d'humidité où se trouve le papier facilite l'action de la capillarité ; le nitrate d'argent se combine avec le chlorure de sodium, et il se forme du chlorure d'argent.

Ainsi, pendant qu'on essuie une seconde feuille de papier, la première a pu passer au bain d'argent.

Au sortir du bain, on soulève la feuille avec soin, afin que le liquide ne mouille pas l'envers de la feuille ; on la laisse égoutter dans la cuvette, afin de ne pas perdre trop de liquide, et on la dépose enfin sur une surface bien plane et imperméable, le côté mouillé tourné en dessus.

On voit qu'en passant ainsi successivement le papier du bain salé au bain d'argent, l'opérateur ne perd pas une minute et qu'il peut en quelques heures préparer une assez grande quantité de feuilles de papier.

Mais ce mode de préparation, assez expéditif, n'est praticable qu'à la condition d'employer un papier de force ordinaire, le papier épais se *gode* sur le bain salé, il faut un temps considérable avant qu'il s'aplatisse et s'imprègne uniformément.

Lorsqu'on opère avec du papier épais, il faut modifier le procédé en conséquence.

On remplace le vase plat qui contient la dissolution de sel

marin, par un vase profond dans lequel on plonge verticalement chaque feuille de papier [1].

Il faut à ce genre de papier quelques heures pour s'imbiber suffisamment, on peut le laisser tremper tout un jour dans le bain salé, sans inconvénient.

Lorsqu'il est déposé dans le bain, il faut éviter que des bulles d'air ne s'interposent entre le liquide et la surface du papier, et n'empêche celle-ci d'être mouillée uniformément; si on prend cette précaution, le bain peut recevoir autant de feuilles de papier que la capacité du vase peut en contenir.

Avant de soumettre le papier au nitrate d'argent, il faut l'essuyer avec beaucoup de soin, au papier buvard, et le laisser au moins une heure sur le bain d'argent.

Pour rendre cette préparation plus facile, et partant plus pratique, voici la marche qu'on peut suivre :

Après une immersion de 5 à 6 heures dans le bain de sel marin, toutes les feuilles trempées sont essuyées au papier buvard et empilées les unes sur les autres en interposant toujours entr'elles une feuille de papier buvard. Toute la masse est ensuite enfermée dans un cahier de papier humide ou dans un carton, afin de maintenir un papier salé dans un état d'humidité aussi égale que possible et de le soustraire à l'action de l'air extérieur.

On dispose ensuite un ou plusieurs bains de nitrate d'argent, selon la quantité de papier qu'on veut préparer. On dé-

(1) Nous entendons par papier épais, les papiers carton genre Bristol, mais d'une seule pâte; il existe dans le commerce un papier fabriqué par MM. Canson frères à Annonay, format grand aigle, du prix de 6 à 7 fr. 50 cent. la main, employé pour tableaux d'écriture, dans les écoles et les administrations.

C'est ce papier que nous prendrons pour type et que nous signalons comme parfaitement convenable pour les épreuves positives.

pose chaque feuille sur un bain séparé et on abandonne l'opération à elle-même, jusqu'à ce qu'on ait le temps de venir remplacer le papier.

La durée du contact est sans influence sur la qualité des papiers, si le contact n'a pas duré moins d'une heure, ou plus de cinq à six. On peut ainsi mettre 8 jours si l'on veut, pour épuiser la masse de papiers salés ; de cette manière on établit une préparation permanente de papier positif sans prendre d'autres soins que de renouveler de temps en temps les papiers qui s'imbibent sur le bain d'argent.

Il est nécessaire de choisir pour cette opération un local humide et froid, l'air sec et chaud pouvant agir sur le bain d'argent et l'évaporer en partie.

Il ne faut mettre dans le bain de nitrate que la quantité de liquide nécessaire pour que le papier puisse flotter sur la surface.

Chaque fois qu'on enlève une feuille de papier du bain, on ajoute à celui-ci la quantité de liquide qui a pu être absorbée, de manière à le maintenir toujours dans les mêmes conditions.

Quel que soit du reste le mode de préparation qu'on préfère, il faut toujours s'assurer que le bain d'argent reste bien limpide, que sa surface est exempte de toute impureté.

Lorsque le papier salé a été imparfaitement essuyé par le papier buvard, les bains d'argent se troublent; il se forme des flocons de chlorure d'argent qui en modifient la composition. Lorsque cet accident se produit, il faut arrêter l'opération, filtrer le bain, et y ajouter quelques cristaux de nitrate d'argent pour remplacer celui qu'il a perdu.

Nous avons déjà dit qu'en sortant du bain, le papier devait être mis à plat pour sécher. En agissant ainsi, on utilise au profit de l'épreuve, tout le chlorure d'argent qui n'a pu être égoutté au-dessus du bain ; il est donc essentiel que le meuble sur lequel le papier est déposé soit bien horizontal et imperméable, afin que le chlorure d'argent soit réparti uniformément et ne vienne pas s'accumuler par place, ce qui produirait des taches ou des inégalités d'impression sur l'épreuve positive.

Par le même motif on doit laisser sécher le papier lentement.

Pour conserver le plus longtemps possible au papier positif toute sa blancheur, il faut le conserver dans un lieu humide et complètement à l'abri de la lumière ; mais il faut avoir soin de le sécher avant de s'en servir.

Lorsque les glaces, ou les châssis sont humides, il se forme des taches sur l'épreuve négative; pour éviter ces accidents, qu'on attribue ordinairement à la mauvaise qualité du papier, il suffit d'exposer à l'air les glaces et les châssis avant de s'en servir.

---

## § II. PRÉPARATION DU PAPIER POSITIF AU CHLORURE DE SODIUM ÉTENDU DANS L'ALBUMINE.

---

On bat en neige des blancs d'œufs dans lesquels on a versé 25 pour 0/0 de leur poids d'une dissolution saturée de sel de cuisine, ou si l'on veut :

4 grammes de sel et 10 grammes d'eau distillée par chaque blanc d'œuf.

Lorsque la masse a passé à l'état de mousse, on la laisse reposer jusqu'à ce qu'elle soit redevenue liquide : on la filtre à travers un linge très-fin ou un papier de soie.

Le papier sur lequel on étend l'albumine doit être épais ; on relève les quatre bords de chaque feuille, comme nous l'avons indiqué pour la préparation analogue du papier négatif; on dépose chaque feuille sur un plateau de glace bien plat, et on verse à l'intérieur un excès d'albumine, de manière à en couvrir tout le fond. On imprime alors à la glace quelques mouvements de va-et-vient pour agiter l'albumine et empêcher la formation des bulles d'air qui rendraient l'adhérence de l'albumine incomplète.

On fait écouler par un angle tout l'excès de l'albumine dans le vase où on l'a préparée, et on fait sécher le papier en l'attachant par une épingle à un cordon qui est tendu horizontalement.

Le temps de faire toute cette manœuvre suffit pour laisser au papier une couche suffisante d'albumine. Cette préparation se fait au grand jour. Si l'appartement n'est pas humide, en moins d'un quart-d'heure l'albumine a eu le temps de sécher, et le papier peut alors être soumis au nitrate d'argent.

Cette seconde phase de la préparation doit se faire en tout point comme nous l'avons indiqué pour les papiers épais et salés, c'est-à-dire que le papier albuminé doit rester au moins une heure sur le bain de nitrate d'argent pour être suffisamment saturé de ce sel.

On voit que la préparation du papier à l'albumine est infiniment plus commode et plus facile que la précédente, car elle dispense du soin, toujours pénible, de sécher le papier salé au papier buvard.

On n'a pas à craindre non plus les désordres que produisent dans le bain, les feuilles de papier qui ont été mal essuyées.

L'albumine présente aussi une notable économie en absorbant moins de nitrate d'argent.

On peut préparer à l'avance, et par provision, du papier à l'albumine pour ne les passer au nitrate d'argent qu'au fur et à mesure qu'on veut exécuter des épreuves positives, le papier pouvant se conserver indéfiniment si on le préserve de l'humidité.

Quelle que soit donc l'époque où le papier a été couvert d'albumine, que sa préparation soit ancienne ou récente, il se comporte de la même manière sur le bain d'argent.

Lorsqu'on emploie l'albumine, on peut se servir du papier épais dont nous avons déjà conseillé l'usage : l'avantage qu'il présente sur le papier léger, c'est que l'albumine s'étend plus facilement à sa surface, et qu'il se conserve beaucoup mieux et plus longtemps.

Lorsque les papiers positifs ont été préparés depuis longtemps, ils se teintent en gris si on les conserve dans un endroit frais ; mais à l'abri de l'humidité, ils conservent pendant plus d'un mois leur blancheur et sont d'un emploi excellent.

Nous signalerons plus tard, lorsque nous traiterons du caractère des épreuves positives, tout le parti qu'on peut tirer des papiers épais qui auront pris la teinte grise que nous venons de signaler.

La préparation des papiers à l'albumine, plus simple, plus facile et moins coûteuse, ne saurait exclure l'usage des papiers salés, parce qu'elle n'est pas propre à tous les sujets ; les épreuves sur papier albuminé ont une plus grande chaleur de ton, plus de transparence et de finesse dans les détails ; mais à leur tour, les papiers salés donnent aux épreuves un aspect de dessin ou de gravure *aqua-tinte*, un vague mystérieux qu'on aime à trouver dans les œuvres d'art, parce qu'ils s'adressent alors autant à l'âme qu'aux sens, à l'esprit qu'aux yeux. Les compositions d'après nature, les portraits, les paysages avec de grands effets de perspective, seront plus beaux avec les papiers salés ; mais l'avantage reviendra aux papiers albuminés, lorsqu'il s'agira de reproduire des objets d'histoire naturelle, des monuments, pour lesquels les détails, la précision, la finesse du trait, sont les qualités les plus essentielles.

# CHAPITRE IX.

## FORMATION DE L'ÉPREUVE POSITIVE.

Pour obtenir une épreuve positive, on place l'épreuve négative du côté impressionné sur la surface du papier positif, préparé comme il vient d'être dit; on maintient les deux feuilles l'une contre l'autre, dans un cadre, entre deux glaces, et on expose ce cadre à la lumière du jour. L'épreuve négative est traversée par la lumière, et le papier de l'épreuve positive se trouve noirci en raison de la facilité ou de l'obstacle que les parties colorées de l'épreuve opposent à la lumière.

Le dessin qui se produit sur le papier positif est donc inverse de celui de l'épreuve négative, puisque les parties blanches auront laissé passer la lumière, et que les parties noires lui auront fait obstacle en raison de leur intensité.

La première condition pour obtenir une image positive bien

nette, c'est de mettre bien en contact le papier positif sur l'image négative.

Si le contact était imparfait, la lumière se diffuserait par place et l'image serait alors accusée vaguement.

Pour arriver à un bon résultat, il ne suffit donc pas de mettre simplement le papier positif sur l'épreuve négative, il faut de plus les enfermer entre deux glaces, et exercer la plus forte pression possible pour rendre ce contact plus parfait.

On trouve dans le commerce des châssis à décalquer pour la photographie sur papier, construits d'après les indications de M. de Valicourt. Ils se composent d'un cadre en bois, dans lequel on ménage une rainure assez profonde pour recevoir deux glaces épaisses, et une planchette destinée à les recouvrir ; ces feuillures et cette planchette sont doublées en drap ; un système de boulons à écrous sert à maintenir les glaces comprimées l'une contre l'autre lorsqu'on y a enfermé les deux papiers positif et négatif.

Ce châssis est généralement adopté. Il faut avoir soin de choisir des glaces très-épaisses et d'exercer bien également la pression par les boulons à écrous, sans quoi on briserait les glaces, ou au moins on aurait une épreuve défectueuse, car la pression n'étant pas uniforme sur toute la surface du dessin, la netteté de l'image serait imparfaite.

Ce procédé ne s'applique qu'aux épreuves sur papier; pour les épreuves sur verre, on emploie seulement deux glaces, entre lesquelles on place le papier. Le poids de la glace supérieure, qu'on choisit à dessein un peu lourde, suffit pour maintenir le papier bien étendu.

On peut encore employer ce procédé avec les épreuves négatives sur papier. Dans ce cas, on étend l'épreuve négative sur une glace, on la recouvre d'une feuille de papier positif, et on charge le tout d'une seconde glace; le poids de la glace maintient le contact entre les deux feuilles de papier.

On dépose ensuite les deux glaces sur une planche à rebord, afin de préserver l'envers du papier positif de l'action de la lumière.

En effet, bien que le papier positif n'ait reçu de sels photogéniques que sur une surface, son verso n'en est pas moins sensible à l'action de la lumière, parce que ces sels ont pénétré dans la pâte même du papier. La lumière qui frapperait l'envers du papier positif y produirait donc une coloration, et si son action se prolongeait quelque temps, cette coloration atteindrait la surface sur laquelle se forme l'image, et celle-ci en serait troublée et pourrait même être perdue.

Toutes ces précautions étant prises, l'exposition peut avoir lieu indifféremment au soleil, à l'ombre, à l'intérieur ou à l'extérieur des appartements; ce n'est plus qu'une question de temps, l'opération s'accomplissant plus ou moins vite, en raison de l'intensité de la lumière qui frappe l'image négative. Il en est de même de l'inclinaison du châssis, elle est sans influence sur le résultat, si la pression a été bien établie.

Il est impossible de déterminer d'avance le temps que doit durer l'exposition, pour assurer la bonne venue de l'épreuve. La nature du papier, son épaisseur, la chaleur, l'intensité de la lumière, sont autant d'influences qui concourent à sa production, et qu'il est impossible d'apprécier *à priori*.

L'expérience peut seule apprendre à l'opérateur comment il doit procéder; nous pouvons cependant lui indiquer quelques caractères qui lui serviront de règle pour apprécier les progrès de la lumière et la limite d'exposition nécessaire à chaque épreuve en particulier, sans avoir à se préoccuper des variations atmosphériques survenues pendant le cours de cette exposition.

Dans le châssis à décalquer que nous venons de décrire, une petite porte est pratiquée dans le fond intérieur; on peut, en l'ouvrant, reconnaître, par la naissance du dessin au verso de l'épreuve, que la lumière a produit tout son effet.

Cependant, ce moyen ne peut recevoir que des applications assez restreintes, car l'image positive n'apparaît au verso de l'épreuve que lorsque le papier est assez mince; encore peut-il arriver que le dessin soit suffisamment venu avant qu'il ait traversé l'épaisseur du papier.

Un moyen plus simple, qui est applicable en toutes circonstances et pour toutes sortes d'épreuves, consiste à laisser à découvert une bande de papier sur l'un des côtés de l'épreuve positive. De cette manière, on suit l'action de la lumière par la succession des couleurs que prend la bande du papier.

Ainsi, la bande de papier passe du blanc au rose, puis au lilas, au violet, à la nuance terre brûlée, au noir, au vert et enfin au vert foncé. A partir de cette nuance, la teinte, vue sous un certain angle, prend un aspect bronzé métallique, et à partir de ce moment, elle diminue d'intensité: ainsi le bronze antique passe au bronze vert, celui-ci au bronze olive, en se dégradant de plus en plus. (1)

(1) Les sels d'argent, avant d'être fixés, c'est-à-dire dans le cours des réductions produites par la lumière, offrent cette particularité que les premiers effets de la lumière les accusent en noir, et que du noir ils passent au blanc sous l'action continue de la lumière. Lorsque l'épreuve négative est parfaitement bien développée, et encore dans le bain d'acide gallique, si on la sort de la

Il faut donc déterminer par une expérience préalable le rapport de coloration qui existe entre la bande de papier laissée à nu et la feuille qui est couverte par l'épreuve négative; cette donnée une fois acquise, on saura toujours quelle est la nuance de l'épreuve d'après celle de la bande découverte.

On voit que la coloration de chaque épreuve négative

lumière artificielle pour l'exposer au grand jour, les parties blanches du papier, qui sont celles que la lumière n'a pas frappées lors de l'exposition de la chambre obscure, seront noircies, en même temps que celles qui étaient primitivement noires seront blanchies. Le résultat primitif se trouve donc renversé, et le dessin négatif devient alors positif.

Un phénomène semblable a lieu avec l'épreuve négative sur verre couvert d'albumine, non plus en se servant de la lumière pour amener une plus grande réduction métallique, mais en fournissant la substance métallique elle-même dans le bain où s'accumule la réduction. Si on ajoute de l'acéto-nitrate d'argent au bain d'acide gallique, le bain se trouble, et la surface albuminée de la glace se couvre d'une poudre blanche qui adhère fortement à toutes les parties colorées de l'épreuve. L'aspect de cette épreuve, si l'on place derrière la glace un fond noir, devient positif, bien que, vue par transparence, elle soit négative. Ces épreuves, malgré leur aspect positif, donnent des épreuves positives tout aussi parfaites que lorsqu'elles ont été traitées autrement.

Nous n'avons pas parlé de ces effets dans le chapitre des épreuves négatives, parce qu'ils n'ont pas d'intérêt pour nous, sous le rapport des produits de la photographie; nous les signalons seulement comme pouvant être étudiés pour amener de nouveaux résultats.

A cette occasion, nous citerons encore un autre phénomène : c'est celui qui résulte de l'exposition à la lumière du jour de l'épreuve négative sur papier. Pendant qu'elle est encore dans le bain d'acide gallique, si on présente à la lumière du jour, non plus la face impressionnée, mais le verso du papier qui est resté parfaitement blanc, on voit naître sous l'action de la lumière le dessin existant sur l'autre face, mais dans l'ordre inverse de coloration, le blanc s'accusant en noir, ce qui fait que cette image est positive au verso du papier et négative au recto. Comme résultat, cette image positive manque de finesse et des qualités que réclame un dessin pour être acceptable. Il n'offre donc qu'un intérêt scientifique, sur lequel nous reviendrons plus tard, avec tous les développements que réclame un si grave sujet.

modifie singulièrement le temps de l'exposition; il y a telles épreuves, sur verre comme sur papier, qui suivent presque à un quart ou à une demi-nuance près la coloration de la bande extérieure du papier, tandis qu'il en est d'autres qui ne sont même pas arrivées à la nuance violette, lorsque la bande est déjà arrivée à la nuance bronze olive.

Il ne faut jamais pousser l'exposition de l'épreuve positive jusqu'à donner aux ombres la teinte bronzée, car cette teinte est plus claire que celle qui la précède.

Lorsqu'on opère sur des épreuves négatives trop colorées, il est presqu'impossible d'obtenir de bonnes épreuves positives; car, les ombres de l'épreuve positive ont le temps de passer à la teinte bronzée, avant que la lumière ait traversé les noirs de l'épreuve négative, de manière à s'accuser sur le papier positif.

Lorsque les épreuves négatives sont très-faibles et d'un ton uniforme, les épreuves positives sont encore défectueuses; car, les parties claires du dessin sont inévitablement trop colorées, si l'on prolonge assez longtemps l'exposition pour obtenir quelque vigueur dans les ombres.

Avec ces deux sortes d'épreuves négatives, il faut donc renoncer à des détails dans la lumière pour les premières, et à des ombres puissantes pour les secondes.

Malheureusement, ces épreuves qui pèchent par un défaut d'harmonie dans les lumières sont les plus communes.

Dans un chapitre spécial, où nous traiterons des artifices à l'aide desquels on peut amener de meilleurs résultats; nous donnerons les moyens de tirer un très-bon parti de ces épreuves.

Les meilleures épreuves négatives sont celles qui permettent de pousser l'exposition jusqu'à ce que les ombres vigoureuses de l'épreuve positive arrivent à la teinte qui précède l'aspect bronzé, tandis que les plus vives lumières de l'image (les coups de jour seulement) conservent la teinte blanche du papier.

Il faut donc, pour toute épreuve positive, pousser l'exposition jusqu'à sa limite extrême, si l'on veut avoir une image bien complète.

En effet, une épreuve négative correcte renferme toutes les dégradations lumineuses du tableau qu'elle reproduit. Ces dégradations ne sont pas toujours visibles à l'œil dans le dessin de l'épreuve; mais elles n'en existent pas moins dans la pâte même du papier. Lorsqu'une épreuve positive est bien venue, elle présente des détails que l'aspect de l'épreuve négative n'aurait jamais laissé soupçonner, et cela parce que la lumière, en rencontrant ces réductions invisibles extérieurement, a éprouvé un obstacle dont le dessin produit est justement la mesure.

---

# CHAPITRE X.

## FIXATION ET COLORATION DE L'ÉPREUVE POSITIVE.

### § I. FIXATION.

Lorsque l'image positive est assez accusée, on rentre le châssis dans l'intérieur de la chambre obscure afin de le soustraire à l'action de la lumière du jour. L'image est alors regardée à la bougie, et si elle n'offre pas tout le développement nécessaire, on l'expose de nouveau à la lumière en replaçant bien exactement le dessin négatif sur l'image positive, ce qui n'est pas sans difficulté.

D'ailleurs, on peut simplifier aisément cette opération, et se ménager la faculté d'exposer et de retirer, autant de fois qu'on le veut, l'image positive, sans compromettre le dessin; pour cela on colle à la gomme ou à la colle à bouche, en deux endroits différents, le papier positif sur le papier négatif, et on obtient presque infailliblement alors une superposition exacte des deux images, l'image négative n'ayant pu subir de déplacement.

Lorsque l'épreuve positive est bien venue, il reste encore à la fixer, c'est-à-dire, à la rendre inaltérable par la lumière.

Ce résultat s'obtient en dépouillant l'épreuve des sels d'argent sur lesquels la lumière n'a pas agi, et qui forme les blancs de l'épreuve.

On commence donc par laver l'épreuve, et pour cela on la fait tremper dans un grand vase, qui est rempli d'eau de pluie ou d'eau de rivière.

Lorsqu'on a recours à l'eau de source, il faut s'assurer, avant de l'employer, qu'elle ne contient pas de sels de fer.

Lorsqu'on n'est pas pressé, on se trouve toujours bien de laisser les épreuves toute une nuit dans ce bain. Il faut introduire toutes les épreuves une à une, mais en une seule fois; car, si on les mettait les unes après les autres, à un assez long intervalle de temps, les plus anciennes, ayant troublé le bain, tacheraient les nouvelles.

Ce bain ne pourra servir deux fois, il faudra donc en renouveler l'eau à chaque immersion d'une nouvelle série d'épreuves.

Les sels d'argent dégorgés par les épreuves sont généralement précipités lorsque l'eau n'est pas d'une pureté complète, ce qu'il n'est pas possible de réaliser en raison du prix élevé de l'eau distillée et des quantités qu'on en consomme pour cette opération; les précipités roux qui se forment, tachent fortement les papiers et conséquemment les images si celles-ci reçoivent le contact de l'air avant d'en être débarrassées. Cet accident est encore plus à craindre, si les épreuves entrent couvertes de ces précipités dans le bain d'hyposulfite; il est donc prudent, non-seulement d'introduire les épreuves une à une dans l'eau, mais de ne pas les laisser surnager à la surface, ce qu'on évite en déposant un fragment de verre sur la dernière épreuve, afin de les maintenir toutes au fond du vase; il faut avoir soin seulement que le dessin ait la face tournée en dessous et non en dessus, afin que les précipités ne soient jamais en dépôt que sur l'envers des images.

Lorsque les épreuves sont retirées de l'eau pour être passées à l'hyposulfite, il faut les sortir une à une du bain, en ayant soin de les agiter fortement sous l'eau afin de les débarrasser des précipités qui ne doivent ni recevoir l'impression de l'air ni celui des bains chimiques.

Quelques auteurs ont conseillé de ne pas avoir recours aux bains d'eau, lorsque les épreuves étaient trop faibles, et de les soumettre immédiatement à l'action de l'hyposulfite afin de ne pas les affaiblir encore; mais en suivant ce conseil, on produit le résultat contraire, on affaiblit les épreuves outre mesure.

L'eau est sans action sur les sels d'argent que la lumière a réduits et qui forment l'image, tandis qu'elle dissout les sels d'argent que la lumière n'a pas influencés; d'où il résulte qu'une épreuve qui a été passée à l'eau exige une immersion moins prolongée dans l'hyposulfite, qu'une autre épreuve qui n'a pas été lavée, par la raison bien simple que dans ce dernier cas il y a une plus grande quantité de sel d'argent à dissoudre, et comme l'hyposulfite dissout et ronge les sels même de l'image, surtout lorsque cette image est peu accusée, il en résulte que l'image sera d'autant plus affaiblie par le bain, qu'on aura dû prolonger son immersion plus longtemps.

Ce qu'on appelle fixer l'épreuve, n'est donc pas une qualité nouvelle qu'on donne à l'image formée par la lumière, mais simplement une élimination de tous les éléments chimiques qui ont contribué à sa formation. Tous les réactifs qui peuvent agir par voie de décomposition sur le chlorure d'argent suspendu dans le papier positif, fixeraient donc l'épreuve, s'ils n'avaient point une action destructive sur les sels noircis qui forment l'image.

L'hyposulfite de soude qui a été indiqué par M. Talbot, l'inventeur de la photographie sur papier, est encore le réactif qui produit le mieux l'effet qu'on se propose, son action étant plus énergique sur les sels non réduits que sur ceux qui forment l'image.

Au sortir du bain d'eau, on plonge les épreuves en les agitant doucement, pendant une minute environ, dans la dissolution suivante :

1 partie hyposulfite de soude,
8 parties eau ordinaire de pluie ou de rivière par préférence à l'eau de source;

au bout de quelques heures les sels d'argent de l'épreuve sont dissous, on le reconnaît à la transparence que prend le papier.

L'hyposulfite attaquant toutes les parties de l'épreuve, du ton brun que l'image avait primitivement, elle passe en quelques moments à la nuance rousse, les parties lumineuses sont éclaircies, mais les ombres sont dégradées dans le même ordre de décoloration.

Si l'on prolonge l'action, la décoloration devient trop considérable, l'épreuve acquiert plus d'éclat, il est vrai, dans les lumières, mais, elle prend un ton uniforme dans les parties colorées. Le ton dans les arrière-plans étant de la même coloration que les ombres, il en résulte que l'image manque d'air et de profondeur et perd une partie du charme que donnent aux dessins les dégradations ménagées de lumière.

Au sortir de l'hyposulfite, l'épreuve doit être passée de nouveau dans un bain d'eau; il faut en prolonger l'immersion pendant deux ou trois heures, si on peut renouveler l'eau plusieurs fois; dans le cas contraire, l'immersion doit durer au moins un jour.

Au sortir du bain on lave l'épreuve avec de l'eau bien claire, et on l'essuie entre deux feuilles de papier buvard; on peut encore la sécher en la pendant à un fil devant le feu d'une cheminée. Selon M. Guillot-Sagez, ce moyen serait préférable au premier, en ce qu'il donne à l'épreuve plus d'éclat et de fixité.

---

## § II. COLORATION CHIMIQUE DE L'ÉPREUVE POSITIVE.

On vient de voir dans le paragraphe précédent, qu'en passant l'épreuve positive dans un bain d'hyposulfite de soude, on la colorait d'une manière uniforme. On a vu aussi que la propriété de l'hyposulfite ne se borne pas à enlever au papier les sels d'argent, qui noirciraient à la lumière, mais qu'elle s'étend aussi sur toutes les parties de l'image qu'elle affaiblit indistinctement.

Nous allons maintenant donner les moyens de fixer l'épreuve et de modifier cependant presque à l'infini sa coloration et son aspect, de renforcer les ombres et de donner plus d'éclat aux lumières, d'amener enfin des dégradations, des finesses de ton que ne saurait produire l'hyposulfite à l'état simple.

Le premier résultat que nous avons obtenu dans la recherche de ces moyens, c'est la coloration des ombres en noir, par l'addition, dans les bains d'hyposulfite, de quelques cristaux de nitrate d'argent.

En cherchant la raison de cet effet, nous avons découvert qu'il n'était pas dû à la présence de l'argent dans le bain, mais au changement d'état de celui-ci. Par la décomposition du nitrate d'argent, le bain passe à l'état acide, l'argent est précipité, et le liquide décanté ne décèle pas à l'analyse la plus faible quantité d'argent.

C'est donc parce que le bain devient acide, qu'il acquiert la propriété précieuse de noircir les ombres de l'image, de les renforcer pendant le même temps qu'il donne plus d'éclat aux lumières.

Il y a toutefois cette différence entre un bain acidulé directement et le bain devenu acide par l'addition du nitrate d'argent, que celui-ci colore plus ou moins le papier en jaune, en raison de la force du bain ou du séjour de l'épreuve, effet que ne produisent pas les nouveaux bains dont nous allons parler ci-après.

Tous les acides ne sont pas également convenables pour cet usage. Les acides nitrique, hydrochlorique, sulfurique, détruiraient l'image en très-peu de temps si le bain en contenait un peu trop.

L'acide acétique au contraire réunit à un degré remarquable toutes les qualités désirables. Son usage ne présente aucun danger.

Ainsi nous voilà en possession de deux moyens pour colorer les épreuves en noir, avec cette différence que le premier donne au papier une teinte jaunâtre favorable à certains effets, cette teinte ayant quelque rapport avec celle des gravures sur papier de Chine ; l'autre au contraire conservant au papier tout son éclat et sa blancheur n'arrive au noir qu'en passant préalablement par des nuances violacées d'un effet fort agréable.

Si au lieu d'aciduler le bain d'hyposulfite, on le rend alcalin par l'addition de quelques gouttes d'ammoniaque, on obtient l'effet absolument opposé, c'est-à-dire qu'au lieu de devenir noires, les ombres du dessin rougissent et passent à un ton chaud (sépia de Rome), d'un effet assez agréable, beaucoup moins complet que celui des bains acidulés, mais infiniment plus satisfaisant que celui de l'hyposulfite seul.

De ces différences dans les effets que l'on obtient selon l'état du bain, il en résulte que trois bains différents sont nécessaires pour le traitement des épreuves, en raison des effets qu'on désire obtenir.

Ces trois bains seront formés d'une dissolution de :

1 partie hyposulfite de soude,
5 ou 6 parties d'eau.

Le premier bain laissé à l'état simple sans addition d'acide ni d'alcali, reçoit indistinctement, pendant 2 minutes au moins, toutes les épreuves lorsqu'on les sort de l'eau où on les a laissé tremper au moins douze heures.

Le second bain d'hyposulfite sera rendu alcalin au moyen de quelques gouttes d'ammoniaque, ce dont on s'assure en ramenant au bleu le papier de tournesol rougi par un acide.

Enfin, le troisième bain sera acidulé avec l'acide acétique, ce que l'on reconnaît encore au moyen du papier bleu de tournesol.

Pour faciliter nos explications, nous appellerons le premier bain, le bain neutre; le second, le bain alcalin; le troisième, le bain acide.

A ces trois bains on pourra en ajouter une série d'autres composés des mêmes éléments, mais plus concentrés, ou plus étendus, plus nouvellement composés, ou plus anciens; on sait, en effet, que les anciennes dissolutions produisent des effets particuliers très-précieux et très-remarquables; aussi doit-on conserver chaque bain dans des vases séparés.

Supposons maintenant que nous ayons produit douze épreuves au moyen d'un même clichet, toutes les douze bien uniformément amenées au même degré de coloration par l'action de la lumière; si l'on traite ces douze épreuves dans des bains acidulés, mais d'époques différentes, on aura douze résultats absolument différents comme teinte et comme effet.

En admettant que ces bains aient été formés de la même manière, le plus actif, celui qui aura la plus grande action colorante, sera le plus ancien, celui qui aura le plus servi.

Ce n'est pas seulement par son activité que ce bain se distingue des autres, mais surtout par les tons particuliers qu'il donne aux épreuves. Ces tons ont un velouté, une finesse, que ne sauraient donner les bains les plus récents; en revanche, ceux-ci auront une franchise de teinte, une énergie, que les vieux bains ne sauraient produire.

Avec un peu de goût et d'observation, l'emploi de ces bains permet d'amener les épreuves à des effets dont ne se doutent certainement pas ceux qui se bornent au simple bain d'hyposulfite.

Les vieux bains acidulés amènent particulièrement des tons extrêmement fins.

Le premier effet des vieux bains sur les épreuves, est de donner de la fermeté à la teinte, l'effet suivant est de l'atténuer, de la dégrader, on arrive ainsi à des noirs veloutés d'un charme infini pour certains dessins. Si on prolonge l'action au-delà de cette limite, le papier prend une teinte jaunâtre, comme celle que nous avons signalée dans l'emploi des bains acidulés avec le nitrate d'argent.

Celle des bains dont nous parlons est plus fine, les blancs sont mieux réservés, et l'épreuve a l'aspect d'un dessin au crayon noir et blanc sur un papier teinté.

Au lieu d'abandonner une épreuve à la seule action d'un bain, on peut utiliser les propriétés particulières de chacun d'eux au profit de l'effet général ; ainsi, lorsqu'une épreuve devient trop énergique dans les bains acides, les bains neutres qui ont une action plus destructive sur l'image, peuvent être employés avec avantage.

Lorsque les épreuves ont une nuance trop blafarde au sortir des bains alcalins, on peut leur donner un ton plus vif en les passant dans un bain acide ; de même qu'une épreuve passée au bain acide et dont l'aspect serait froid et sec, peut être réchauffée au moyen d'un bain alcalin.

Ces bains sont en photographie comme les glacis dans la peinture à l'huile; dans l'un comme dans l'autre cas, il ne suffit pas de la recette pour réussir, il faut l'observation et la pratique pour agir à propos et dans la mesure la plus convenable.

Il ne faut jamais passer une épreuve du bain alcalin au bain acide, ou de celui-ci au bain alcalin, sans la rendre neutre préalablement, et cela en la lavant d'abord à grande eau et en la plongeant pendant une minute ou deux dans le bain d'hyposulfite neutre : sans cette précaution, non-seulement on n'obtiendrait pas l'effet désiré, mais on changerait les propriétés particulières de chaque bain.

En ajoutant dans les bains d'hyposulfite quelques cristaux d'acétate de plomb, on donne aux épreuves une nuance rouge violette.

La nuance rouge est le premier effet, et la nuance violette le second.

Nous avons remarqué que cet effet pour être complet, doit se produire dès les premiers temps de la coloration de l'épreuve. Il faut donc, pour l'obtenir, placer l'épreuve dans le bain à l'acétate de plomb au sortir de l'eau et du bain neutre d'hyposulfite; si elle passait avant dans les bains acides ou alcalins, la nuance ne serait plus tranchée.

Lorsqu'on veut conserver à l'épreuve la nuance particulière que lui donne l'acétate de plomb, il faut s'abstenir de la passer dans des bains spéciaux; mais lorsqu'on ne tient pas à conserver cette teinte, on peut avoir recours aux bains acides, elle prend alors un aspect violet foncé des plus agréables. On doit avoir recours aux bains acides lorsque l'épreuve a une teinte générale trop uniforme.

Il résulte de ce qui précède, qu'on peut à volonté donner une coloration déterminée aux épreuves positives. Cela n'est absolu cependant que lorsque les épreuves sont fortement colorées; on pourrait presque comparer ce qui se passe dans le bain d'hyposulfite acidulé, à une lutte qui s'établit entre l'action destructive de l'hyposulfite sur l'image, et l'action de l'image sur le bain pour s'emparer de sa propriété colorante. Si le bain l'emporte sur l'épreuve, et cela a lieu lorsqu'elle est sortie trop faible de la chambre noire, elle se décolore graduellement, et quoi qu'on fasse, on peut bien modifier la nuance, mais on ne peut lui donner de la vigueur. Si au contraire l'épreuve est puissante, elle domine l'action destructive du bain et la coloration augmente; mais (et c'est en cela que ce qui se passe ici est admirable sous le rapport de l'effet artistique), toutes les parties de l'image ne présentent pas la même résistance à l'action destructive; vaincue par les masses puissantes, cette action triomphe sur les parties faibles et les décolore; résultat précieux, parce qu'il a justement pour conséquence de renforcer les ombres et d'éclaircir les parties lumineuses, de leur donner plus d'éclat.

Cette étude est bien certainement la plus attrayante de la photographie. Nous ne posons que les premiers jalons dans cette voie nouvelle pleine de charme, et dans laquelle les véritables amateurs ont une abondante moisson d'utiles observations à faire.

Le moment n'est pas éloigné où les dessins photographiques seront de véritables produits artistiques, car ils ne seront plus l'œuvre brute d'une expérience de manœuvre, mais le produit combiné de l'expérience et du goût de l'opérateur.

Il est facile de se faire une idée de la différence qui existe entre deux épreuves traitées l'une par le simple bain d'hyposulfite, l'autre par les bains à double action.

Lorsqu'on se propose d'employer ces derniers bains, il faut donner aux épreuves beaucoup de vigueur, par une exposition prolongée à la chambre noire.

Supposons, en effet, deux dessins arrivés au même degré de coloration après avoir été fixés, mais dont l'un aura été retiré à peine accusé après l'exposition, et l'autre au contraire très-puissant.

Pour réduire celui-ci à la coloration du premier, il a fallu le livrer à l'action énergique de l'hyposulfite; il résulte de cette action, que les demi-teintes du dessin ont acquis autant de finesse, de douceur, que celles du premier ont conservé de grenu, de rudesse. Sur l'un, les demi-teintes ne sont plus que des colorations qui lient la lumière à l'ombre, tandis que sur l'autre, les demi-teintes sont des ombres affaiblies par suite de la couche plus mince de la couleur dont les ombres sont formées.

Il faut savoir, en effet, que partout où le papier a été impressionné par la lumière, l'hyposulfite laisse subsister une coloration.

C'est particulièrement à cet effet tout spécial, que l'on doit d'obtenir, au moyen de clichets sur papier, des épreuves positives, où le grain du papier négatif a complètement disparu, et qui le disputent aux plus belles épreuves sur verre, non pas comme détails et finesse de forme, mais comme charme, harmonie et beauté d'aspect.

Ici se termine ce qu'on pourrait appeler la méthode ou la partie classique de la photographie sur papier, celle qui amène les images par l'action directe et régulière des réactions chimiques ; il nous reste maintenant à parler des artifices qu'il est possible d'employer pour modifier les résultats méthodiques, les atténuer ou les développer au profit d'une exécution plus agréable ou plus complète, selon les exigences de l'art, ou les goûts de l'opérateur.

---

# CHAPITRE XI.

## DES ARTIFICES POUR DONNER AUX ÉPREUVES PLUS DE VARIÉTÉ ET DE PERFECTION.

Nous avons vu dans les chapitres précédents, que l'habileté de l'opérateur consiste à tirer le meilleur parti possible des éléments dont il dispose et des circonstances au milieu desquelles il est placé. Ces éléments, sont les réactifs qui servent aux opérations : ils obéissent, lorsqu'on les fait agir les uns sur les autres, aux lois de l'affinité chimique, c'est-à-dire, à des lois qu'on ne peut que partiellement modifier; voyons cependant dans quelle mesure ces modifications peuvent tourner au profit des épreuves.

## § I. MOYENS POUR RENFORCER LA COULEUR DES ÉPREUVES NÉGATIVES.

---

Lorsqu'on passe une épreuve négative à l'acide gallique, le plus souvent on la retire du bain avant que les noirs de l'épreuve aient atteint le degré d'intensité qui donnerait au dessin tout son éclat. Dans le bain, on suit à vue d'œil pour ainsi dire l'action de l'acide gallique; et lorsque l'épreuve est bien venue, on craint toujours de la perdre, en la laissant séjourner trop longtemps dans le bain, d'où il résulte, qu'on la retire trop tôt et avant que l'acide ait produit toute son action; on est trompé surtout, sur la convenance qu'il y aurait à prolonger cette action, parce qu'on se contente de regarder la surface de l'épreuve, tandis qu'il faut toujours la regarder par transparence. Une épreuve qui paraît belle à la première vue, ne donne le plus ordinairement que des dessins médiocres; tandis qu'une autre épreuve, qu'on serait tenté de croire inférieure à la première, parce que les tons sont moins tranchés, plus fondus, fournit des épreuves admirables. On peut se rendre compte de ces différences en regardant ces deux épreuves par transparence à la lumière d'une lampe ou d'une bougie : dans la première, le dessin se détache à sa surface seulement, et le passage des lumières aux ombres se fait sans transition, tandis que dans les secondes, les réactifs chimiques ayant pénétré dans la masse du papier, les dégradations de lumière sont continues et plus ménagées.

On doit toujours examiner les épreuves négatives par transparence. A cette condition seulement on a des renseignements certains sur l'effet véritable que les réactifs ont produit.

C'est parce qu'on ne suit pas ce précepte, que les épreuves négatives sont presque toujours trop faibles. Ce défaut est d'autant plus fréquent, qu'il est presque impossible, lorsqu'une épreuve a été obtenue à une douce lumière, de lui donner par un seul bain toute la coloration qui serait nécessaire pour obtenir ensuite des épreuves positives satisfaisantes.

L'insuffisance de la coloration dans les épreuves est une des causes les plus fréquentes d'insuccès.

Heureusement, une épreuve négative trop faible n'est pas une épreuve perdue ; et nous allons nous occuper des moyens de lui donner, après coup, même après en avoir tiré un grand nombre d'épreuves positives, plus de coloration et de vigueur.

Pour être soumise à ce nouveau traitement, l'épreuve ne doit pas être cirée. C'est la seule condition de rigueur. Cette condition étant remplie, on fait tremper l'épreuve dans de l'acide *acétique cristallisable*. Sous l'influence de cet acide, le papier devient résistant comme du parchemin, et il acquiert de plus le même degré de transparence qu'un papier huilé.

Si par hasard la transparence n'était pas uniforme sur toute la surface de l'épreuve, il faudrait laver l'épreuve à grande eau, la passer au brômure comme s'il s'agissait de la fixer, puis la sécher de nouveau, et la mettre à tremper une seconde fois dans l'acide acétique.

Lorsque l'épreuve a acquis le degré de transparence que nous signalons, on la met à tremper dans un bain saturé d'acide gallique, auquel on ajoute quelques grains de nitrate ou d'acéto-nitrate d'argent.

Il faut avoir soin, dans le cours de cette opération, d'agiter le bain, pour dissoudre tout l'acide acétique qui est à la surface du papier. Au bout de quelques instants d'immersion dans le bain, les parties colorées de l'épreuve passent au noir foncé, et il arrive même un moment où le dessin se voile, et disparaît en totalité sous une couche uniforme de noir, qui semble s'étendre jusqu'au *verso* de l'épreuve.

Cette nouvelle épreuve, qu'on serait tenté de croire perdue, a acquis une valeur inattendue, car, si on la regarde par transparence, on découvre que cette coloration noire n'a pas altéré la transparence du papier dans les parties claires, et que les noirs ont seuls été colorés.

On a proposé, avant nous, de renforcer ainsi les épreuves trop faibles, au moyen de l'acide gallique ; mais il arrive presque toujours, lorsqu'on a recours à ce moyen, sans faire tremper préalablement l'épreuve dans l'acide acétique, que toute la masse du papier se colore, et que l'épreuve perd complètement sa transparence : le même effet se produit encore malgré l'emploi de l'acide acétique, lorsque l'épreuve négative a été cirée. Ainsi, comme nous le disions en commençant, pour que l'acide gallique produise de bons résultats, il faut que l'épreuve ne soit pas cirée, et qu'avant d'être mise en contact avec cet acide, elle soit passée à l'acide acétique.

Lorsqu'on sort l'épreuve du bain d'acide gallique, on la lave à grande eau, et on la plonge dans une dissolution d'hyposulfite de soude, acidulée par quelques gouttes d'acide acétique.

On peut se servir sans inconvénient pour cet usage, d'une dissolution fraîche d'hyposulfite; sous l'influence de cette nouvelle dissolution, les blancs de l'épreuve reparaissent avec leur éclat primitif, et les noirs conservent toute leur intensité.

Afin que l'action de l'hyposulfite ne se localise pas sur la surface de l'épreuve, il faut agiter souvent l'épreuve dans le bain, sans l'en sortir. Il y a aussi un véritable avantage à ne traiter qu'une épreuve à la fois.

Lorsqu'on peut surveiller ainsi l'action de l'hyposulfite, on peut avoir recours sans inconvénient à des dissolutions très-concentrées. Mais lorsqu'on est forcé d'abandonner l'opération à elle-même, il faut employer de toute nécessité des bains étendus, et chaque bain ne devra contenir qu'une épreuve à la fois.

On reconnaît que l'action de l'hyposulfite a été poussée assez loin, lorsque les blancs ont repris toute leur fraîcheur et leur transparence.

Au sortir du bain d'hyposulfite, l'épreuve est lavée à grande eau et cirée comme à l'ordinaire.

Nous l'avons déjà dit, et nous le répétons encore, pour avoir une épreuve positive satisfaisante, il faut donner le plus de transparence possible au papier de l'épreuve négative, et, sous ce rapport, l'emploi de la cire ne laisse rien à désirer. Mais avant de s'en servir, il faut s'assurer que l'épreuve a toutes les qualités de nuance requises, car, une fois que l'épreuve est cirée, il est impossible de la soumettre à de nouveaux traitements pour la colorer.

---

## § II. MOYENS POUR RENFORCER LES ÉPREUVES NÉGATIVES SUR VERRE, QUI SONT TROP FAIBLES.

---

Les épreuves sur glace n'ont pas besoin d'être passées à l'acide acétique, comme les épreuves sur papier; l'acide acétique aurait même dans ce cas une fâcheuse influence : il exercerait une action corrosive sur l'albumine, il la dessécherait, et la ferait fendiller en tous sens.

Pour renforcer une épreuve sur verre, il suffit de la plonger dans une dissolution saturée d'acide gallique. On accélère l'action du bain, en le chauffant légèrement, ou en y ajoutant une goutte ou deux d'acéto-nitrate d'argent. Mais, il ne faut user de ce moyen qu'avec une extrême réserve.

Il faut se souvenir encore que l'image négative sur verre, est, dans la réalité, plus puissante qu'elle ne le paraît, lorsqu'on la regarde dans le bain; et comme il est toujours facile de renforcer une épreuve trop faible par une nouvelle immersion dans l'acide gallique, quel que soit d'ailleurs le nombre des immersions auxquelles on l'a déjà soumise, il y a un véritable avantage à procéder avec réserve, et à se réserver la faculté de compléter l'action d'un traitement qui aurait été insuffisant, par un traitement nouveau.

Au sortir du bain, on lave l'épreuve à grande eau, et on la plonge dans une dissolution d'hyposulfite de soude, préparée exprès pour cet usage.

Au sortir de l'hyposulfite, la glace est encore lavée à grande eau, et mise à sécher dans une chambre dont la température n'est pas trop élevée et l'atmosphère trop sèche. Il n'y a jamais d'inconvénient à faire sécher l'épreuve dans un lieu un peu humide. Plus la dessiccation s'opère lentement, et plus on a de chances pour que l'épreuve se conserve longtemps sans s'altérer.

Des faits généraux que nous venons d'exposer, il résulte quelques conséquences de la plus haute importance, et sur lesquelles nous croyons devoir insister un moment.

Puisqu'au moyen de l'acide gallique, convenablement employé, on peut renforcer autant qu'on veut les noirs d'une épreuve négative, il est bien évident qu'on peut se passer d'une vive lumière pour produire des tons foncés ; et ici, la photographie sur papier a plus de ressources que la photographie sur plaque, car l'intensité des lumières dans une épreuve sur plaque résulte de l'intensité même de l'impression que la lumière a produite et que les vapeurs de mercure rendent sensible, tandis que dans la photographie sur papier, une vive lumière accusée faiblement, à cause d'une exposition de peu de durée, peut être rendue avec toute la vivacité désirable, au moyen de traitements successifs par l'acide gallique.

Il y a même un grand avantage à ne pas abuser des vives lumières, et à suppléer à une action lumineuse trop faible par des bains successifs, car, de cette manière, on évite l'empâtement des épreuves, qui se produit presque toujours lorsque l'exposition a été trop prolongée, ou qu'on a opéré à une lumière trop vive.

D'un autre côté, si l'on fait agir trop longtemps l'acide gallique sur une épreuve négative, au sortir de la chambre noire, cette épreuve est infailliblement perdue ou compromise, car alors l'action de l'acide gallique s'étend aux blancs de l'épreuve qu'il altère. Or, cet effet ne se produisant pas, lorsque l'épreuve a été passée avec réserve une première fois à l'acide gallique, puis lavée à l'acide acétique, pour être passée de nouveau à l'acide gallique, il en résulte qu'il y a un grand avantage à employer l'acide gallique en bains successifs, concurremment avec l'acide acétique.

## § III. MOYENS POUR DÉCOLORER LES ÉPREUVES NÉGATIVES SUR PAPIER.

Nous venons de voir qu'une épreuve trop faible, sur papier ou sur glace, pouvait être renforcée : nous allons nous occuper maintenant du problème contraire, et traiter des moyens d'affaiblir une épreuve trop colorée. Cette nouvelle opération est plus délicate que la première, car il faut conserver à l'épreuve toute son harmonie, et affaiblir la valeur des lumières et des ombres, sans changer leurs rapports relatifs.

Le cyanure de potassium, les acides minéraux énergiques, comme l'acide chlorhydrique, et l'acide nitrique, ne peuvent être employés à cet usage. Leur action s'exerce avec trop d'énergie sur les demi-teintes du dessin.

Pour juger si une épreuve est trop colorée, il ne faut pas se contenter de l'examen de la surface; il faut la regarder par transparence, car la coloration d'une épreuve ne résulte pas seulement de l'intensité de la nuance des parties colorées, mais encore de l'opacité plus ou moins grande de ces parties, et de la résistance qu'elles opposent à la lumière, lorsqu'on tire à leur aide des épreuves positives.

Il en résulte que pour diminuer la coloration d'une épreuve, on peut avoir recours à deux moyens.

Le premier consiste à rendre les noirs plus transparents, et le second à les atténuer : on peut même combiner dans certains cas ces deux moyens avec avantage. L'emploi de l'un n'est pas un motif d'exclusion pour l'emploi de l'autre.

Lorsque l'épreuve trop colorée est une épreuve sur papier, on augmente sa transparence au moyen de la cire, et lorsqu'elle est sur glace, au moyen d'une couche de vernis. Si ce moyen est insuffisant, on peut avoir recours au bain d'hyposulfite, surtout si l'épreuve a été fixée au brômure de potassium.

On peut avoir recours encore au brômure d'iode.

Dans une cuvette d'une grande et profonde dimension, à moitié pleine d'eau, on verse quelques gouttes de brômure d'iode saturées de brôme; on agite. La liqueur doit se colorer à peine; si elle prenait une teinte jaune, on aurait trop mis de brômure d'iode, et il faudrait étendre la liqueur d'une nouvelle quantité d'eau.

On reconnaît que la liqueur a atteint le degré de concentration convenable, en y trempant une bande de papier ordinaire. Ce papier doit prendre, en séchant, une teinte lilas.

On plonge dans le bain l'épreuve négative qu'il s'agit d'affaiblir; cette épreuve doit avoir été préalablement cirée au moyen d'un chiffon de papier un peu raide; il faut empêcher aussi, avec le plus grand soin, la formation de bulles d'air à la surface du papier.

Au bout de quelque temps, l'épreuve prend une teinte lilas, puis violette, et enfin bleue. Lorsque l'épreuve a pris cette nuance, on la plonge dans une dissolution d'hyposulfite de soude acidulée. Dans ce nouveau bain, l'épreuve se décolore : elle devient d'autant plus claire, que sa nuance dans le brômure d'iode était plus foncée. Au bout d'une minute, lorsque le papier a repris toute sa transparence, on lave l'épreuve à grande eau, et on la laisse séjourner plusieurs heures dans une cuvette remplie d'eau, qu'on renouvelle de temps en temps.

Lorsque l'épreuve a été dépouillée de tout son hyposulfite, on la pend par un angle, à un cordon qui a été tendu à cet effet, ou on la fait sécher entre plusieurs feuilles de papier buvard.

Il nous est impossible de donner des indications plus précises sur le temps que l'épreuve doit séjourner dans les différents bains. L'action qu'il faut produire dépend du degré de coloration de chaque épreuve. Il en résulte que pour chaque épreuve, la durée de l'immersion doit être différente. Heureusement, toutes ces opérations s'accomplissent sans interruption sous les yeux de l'opérateur, et avec un peu d'attention il est facile de reconnaître le moment où il faut retirer les épreuves et les passer d'un bain dans un autre.

Avec le brômure d'iode, comme avec l'hyposulfite de soude, il est avantageux de procéder avec réserve. Si après un premier bain, l'épreuve n'est pas assez décolorée, rien ne s'oppose à ce qu'on la soumette à l'action d'un nouveau bain.

## § IV. MOYENS POUR DÉCOLORER LES ÉPREUVES SUR GLACE,

### ET POUR VARIER LEUR CARACTÈRE PRIMITIF.

---

Le procédé que nous venons de décrire, pour décolorer les épreuves négatives sur papier, ne s'applique pas aux épreuves sur glace. Lorsqu'on décolore une épreuve sur papier, on affaiblit non-seulement les noirs du dessin, mais on augmente la transparence des parties blanches. Avec les épreuves sur glace, le problème se réduit à la décoloration des noirs, car les parties claires, formées par une couche d'albumine, qui est d'une transparence parfaite, n'ont pas de changements à subir.

Dans la plupart des cas, on se trouvera bien de l'emploi d'un bain d'yposulfite très-concentré. On laissera tremper l'épreuve pendant plusieurs heures. Le plus souvent, ce traitement suffira pour décolorer convenablement une épreuve qui serait trop foncée.

Les épreuves sur glace se prêtent à des traitements d'un

genre tout différent de ceux dont nous avons parlé jusqu'à présent, et au moyen desquels on peut leur donner un charme et une variété infinis.

Lorsqu'on sait se servir du pinceau, qu'on a un peu l'habitude du dessin, on peut passer une légère couche de brômure d'iode dissous dans l'eau, sur les noirs pour les affaiblir; on peut ensuite colorer les parties claires, au moyen d'une dissolution d'acide gallique additionnée d'une goutte ou deux d'acéto-nitrate d'argent, qu'on applique encore au pinceau; et lorsque, sous l'influence de ces deux dissolutions combinées, on a décoloré les parties trop noires et renforcé les parties trop claires, on arrête l'action des réactifs en plongeant l'épreuve dans un bain d'hyposulfite de soude non acidulé.

On peut encore diminuer la vigueur des épreuves négatives sur verre, au moyen d'une couche de beau vernis à tableau qu'on étend avec précaution sur la surface de l'épreuve.

Avant de tirer des épreuves positives, il faut attendre que le vernis soit bien sec, ce qui demande au moins vingt-quatre heures.

Une épreuve négative sur verre, qui a été vernie, ne peut plus être soumise à ces nouveaux traitements. Elle rentre dans les conditions d'une épreuve sur papier qui a été passée à la cire.

## § V. MOYENS POUR DÉTACHER L'ENVERS DES ÉPREUVES NÉGATIVES SUR PAPIER.

---

Les taches qui se produisent sur l'envers des épreuves négatives, tiennent à une infinité de causes, qu'il n'est pas toujours facile d'éviter. L'impureté du papier sur lequel on opère, l'impureté des papiers doublures qui sont en contact avec le *verso* de l'épreuve dans le cours des opérations, l'oubli d'un petit soin, l'action d'un faible rayon de lumière, un lavage incomplet après la fixation de l'épreuve, suffisent pour produire des taches et compromettre des épreuves irréprochables sous tous les rapports.

Ces accidents qui arrivent journellement, sont l'écueil contre lequel viennent échouer le zèle et l'inexpérience des commençants.

Cependant, rien n'est plus facile que de détacher une épreuve, et de lui rendre toute sa valeur, si elle l'avait perdue par un accident de ce genre.

Après avoir ciré l'épreuve par le procédé ordinaire, on traite l'envers par une dissolution concentrée de brômure d'iode. Si, indépendamment de quelques grandes taches, il s'en trouvait de plus petites et de plus foncées, comme il s'en produit lorsque le papier contient des poussiers métalliques, il faudrait mouiller ces nouvelles taches avec un pinceau trempé dans la même dissolution de brômure d'iode. Il faut avoir soin de ne pas déborder la tache avec le pinceau, sans quoi, à la place d'une tache noire il s'en produirait une blanche.

Lorsqu'on a attaqué ainsi les petites taches qui étaient les plus foncées, on dépose l'envers de l'épreuve sur un bain de brômure d'iode, assez concentré pour donner à l'eau une légère teinte jaune d'or. Il faut avoir soin de chasser les bulles d'air qui se forment à la surface de l'épreuve.

La durée du contact varie selon l'intensité, le nombre et la nature des taches.

Il est impossible de donner à cet égard de précepte absolu, c'est l'expérience qui doit servir de guide à l'opérateur. D'ailleurs, il y a toujours avantage à procéder lentement et avec mesure, car, si les taches ont résisté à un premier bain, rien ne s'oppose à ce qu'on les soumette à un second et à un troisième.

Il faut avoir soin que le bain de brômure d'iode ne mouille pas la surface de l'épreuve, car l'image serait attaquée.

Lorsque le brômure d'iode a produit toute son action, on plonge l'épreuve dans un bain d'hyposulfite, on lave à grande eau, et on fait sécher, suivant la méthode ordinaire.

Il faut avoir soin, lorsqu'on détache une épreuve, de ne pas introduire d'hyposulfite dans le bain de brômure d'iode, car ces deux composés se décomposent dès qu'ils sont en contact. Par la même raison, il faut éviter de toucher une épreuve lorsqu'on a eu les doigts mouillés par le bain d'hyposulfite, parce que la moindre trace d'hyposulfite empêcherait l'action du brômure d'iode.

## § VI. MOYENS POUR TIRER DES ÉPREUVES POSITIVES PUISSANTES,

AVEC

DES ÉPREUVES NÉGATIVES TRÈS-FAIBLES.

---

Lorsqu'on a passé les épreuves négatives à la cire, il est impossible de ranimer le ton général du dessin, au moyen de l'acide gallique; dans ce dernier cas on a recours au procédé suivant, pour tirer des épreuves positives puissantes.

On place l'épreuve négative sur le papier positif, et on recouvre l'épreuve négative d'une ou plusieurs feuilles de papier très-fin. Par suite de cette addition on exagère les contrastes dans une mesure qu'on ne saurait croire. Seulement il est indispensable que l'exposition ait lieu au soleil.

En variant le nombre des feuilles de papier, en les employant sans préparation, ou après les avoir passées à la cire, on peut varier les épreuves positives presque à l'infini.

Afin de préciser notre pensée, nous allons donner un exemple.

Il s'agit de varier les épreuves positives, sans changer ou altérer le plus légèrement l'épreuve négative. Or, voici comment l'opérateur doit procéder pour y parvenir :

1° Il peut d'abord obtenir des épreuves positives, naturellement, sans toucher à son épreuve négative, c'est là un premier type ;

2° Il peut augmenter les effets de contraste, donner plus d'éclat aux lumières et plus de vigueur aux ombres, par la superposition d'un certain nombre de feuilles de papier fin sur l'épreuve négative ;

3° Varier les effets que cette addition produit, en cirant ou ne cirant pas le papier qu'il superpose sur l'épreuve négative.

4° Pour préciser plus encore, s'il est possible, nous supposerons qu'il s'agisse d'un paysage, et que l'épreuve négative de ce paysage manque de coloration, que le ciel ait un ton blafard, et qu'on veuille l'éclairer ; on couvre le ciel avec du papier non ciré et les terrains du paysage avec du papier ciré. Ce simple changement suffit pour donner au ciel un ton général plus chaud, et au dessin plus de modelé.

---

## § VII. MOYENS POUR MULTIPLIER LES ÉPREUVES NÉGATIVES.

---

On peut reproduire une épreuve négative de deux manières : par décalque, et au moyen de la chambre noire.

Parlons d'abord de la reproduction par décalque.

On passe à l'acéto-nitrate une glace albuminée, en se conformant aux préceptes que nous avons donnés § V, chap. IV. Après avoir lavé la glace à l'eau distillée, on la fait sécher lentement.

Lorsque l'albumine est bien sèche, ce qui demande au moins une demi-journée, on la met en contact avec la surface impressionnée de l'épreuve négative qu'il s'agit de reproduire. On presse l'épreuve sur la glace, au moyen de deux autres glaces, exactement comme dans le tirage des épreuves positives.

Il est indispensable de préserver le revers de la glace albuminée de l'action de la lumière : Après une exposition de deux à six secondes si l'on opère au soleil, et de quinze à trente si l'on opère à l'ombre, on passe la glace à l'acide gallique ; on s'arrange pour que l'image se développe lentement et régulièrement. Il faut donc procéder avec réserve à l'exposition.

On vient d'obtenir, par cette opération, une épreuve positive sur glace, dont on se sert ensuite pour multiplier, autant de fois qu'on le veut, la première épreuve négative.

On pourrait croire peut-être qu'une épreuve positive ordinaire remplirait le même emploi, mais il n'en est rien, et l'expérience viendrait bientôt le démontrer aux opérateurs qui voudraient éviter ce tirage spécial ; car, quelque puissantes que soient les épreuves positives, elles ne le sont jamais assez pour reproduire par décalque de bonnes épreuves négatives.

Lorsqu'on possède une bonne épreuve négative, on peut se dispenser d'en produire de nouvelles, à moins qu'on ne veuille en modifier le caractère général et produire alors, avec facilité et par le même procédé, des épreuves positives tout-à-fait différentes. On peut, en effet, en se conformant aux indications que nous avons données, animer ou affaiblir les lumières, augmenter ou diminuer le passage des ombres aux pleines lumières, et disposer les effets secondaires en vue du sujet principal.

La reproduction des épreuves négatives est encore possible, par des moyens optiques.

Lorsqu'il s'agit de reproduire une épreuve négative, au moyen de la chambre obscure, on se sert d'une belle épreuve positive comme d'une gravure, et l'opération rentre tout-à-fait dans ce que nous avons dit de ces sortes de reproductions.

Lorsqu'on reproduit une épreuve par cette méthode, on peut donner à la nouvelle épreuve plus de finesse que n'en a celle qui a servi de modèle, et pour cela il suffit d'en réduire les dimensions dans la chambre noire.

On peut faire l'opération inverse, c'est-à-dire, avec une épreuve petite, obtenir une épreuve plus grande. Pour cela, il suffit de rapprocher beaucoup la première épreuve de l'objectif, et d'éloigner le tiroir qui porte le châssis, au moyen d'une seconde boîte qui s'adapte sur ce tiroir.

Pour que l'image qui se produit dans ces nouvelles conditions, soit régulière et sans difformité, il faut déterminer par tâtonnement le point où il convient le mieux de placer l'épreuve extérieure et d'arrêter le tiroir.

L'avantage qu'il y a à multiplier ainsi les épreuves négatives qu'on possède, tient à ce qu'on peut remplacer un cliché sur papier par un cliché sur verre, dont l'emploi est à la fois plus commode et donne de meilleurs résultats.

Toutes les épreuves positives indistinctement ne sont pas propres à fournir de bons clichés. Il faut éviter, avec grand soin, d'employer à cet usage une épreuve dont le papier serait grenu ; et pour affaiblir l'impression que les grains produiraient sur la glace, il faut choisir une épreuve positive très-colorée et l'affaiblir en la faisant tremper dans un bain d'hyposulfite. L'action de ce sel détruit toute la couleur des clairs ; il est vrai qu'elle affaiblit en même temps la vigueur des ombres ; mais en raison de la puissance un peu exagérée qu'on leur avait donnée, cet affaiblissement ne trouble pas du tout l'harmonie du tableau.

Enfin, par des retouches habiles, on peut améliorer une épreuve et effacer les traces que le pinceau ou le crayon auraient pu laisser de leur passage, en reproduisant cette épreuve à la chambre obscure, comme si c'était une gravure ordinaire. De cette manière, on obtient une nouvelle épreuve où l'art et la photographie se sont réunies pour donner au tableau plus de charme et de variété.

---

## § VIII. MOYENS POUR RENFORCER LES ÉPREUVES POSITIVES.

---

Les épreuves positives peuvent être renforcées par l'acide gallique, tout aussi bien que les épreuves négatives.

Cependant, il y a deux conditions qu'il faut observer, pour arriver à des résultats satisfaisants : La première, c'est que le papier ne contienne pas la plus légère trace de sel photogénique ; et la seconde, c'est que le papier soit soumis à l'action de l'acide acétique cristallisable, avant d'être passé de nouveau à l'acide gallique. L'acide acétique limite l'action de ce dernier acide, aux seules parties colorées de l'épreuve.

Lorsque l'épreuve a été passée à l'acide acétique, elle doit être transparente, et avoir le même aspect qu'une feuille de papier huilé.

Lorsque les épreuves sont grenues, il est impossible de les renforcer, car le papier contient un excès de sels photogéniques, qui noircirait sous l'influence de l'acide gallique, au point de rendre l'épreuve tout-à-fait noire.

Mais si l'épreuve est bien transparente, alors l'acide gallique additionné de deux ou trois gouttes d'acéto-nitrate, produit tout son effet, renforce l'image, sans compromettre l'épreuve.

Lorsque l'épreuve est arrivée au point de coloration convenable, on arrête l'action de l'acide gallique, en plongeant l'épreuve dans un bain d'hyposulfite. Ce bain doit être concentré. Il est même avantageux d'employer de l'hyposulfite qui n'ait jamais servi. Son action est plus énergique, et les blancs du dessin prennent plus d'éclat.

Si on voulait se servir d'une vieille dissolution d'hyposulfite, on le pourrait encore, mais il faudrait alors l'additionner d'acide acétique, et laver l'épreuve à grande eau, lorsqu'on la sortirait de l'acide gallique.

Sous l'influence de l'acide gallique, l'épreuve se colore en rouge, mais cette coloration disparaît bientôt sous l'influence de l'hyposulfite acidulé, et les épreuves prennent une teinte noire d'un aspect de gravure à l'aqua tintâ, qui leur donne beaucoup d'éclat et de fermeté. Il faut à peu près de 8 à 10 minutes pour que cette nuance se produise. Lorsque l'épreuve a pris enfin l'aspect qu'on désirait, on la sort de l'hyposulfite, on la lave à grande eau, et on la laisse tremper pendant une demi-journée dans une cuvette, dont on renouvelle l'eau de temps en temps.

Après ce traitement, l'épreuve, qui dans le principe était grise et blafarde, est devenue brillante et vivement colorée, mais pour que cet effet se produise, il faut que l'épreuve n'ait pas conservé de sels photogéniques, lorsqu'on l'a fixée au sortir de la chambre noire.

Ainsi, une épreuve trop peu venue, par suite d'une exposition insuffisante, peut être renforcée, en suivant le procédé que nous venons de décrire; par le même procédé, on peut rendre à une épreuve trop décolorée par l'hyposulfite tout son éclat primitif.

Enfin, ce traitement peut changer la coloration d'une épreuve qui serait défectueuse sous ce rapport, et lui donner tout le charme d'une épreuve bien réussie.

Si, au lieu d'obtenir des épreuves d'une nuance noire, on voulait leur donner une couleur de sépia, il faudrait remplacer le bain d'hyposulfite acidulé par un bain de brômure de potassium. Mais nous ne pouvons pas affirmer que dans ce dernier cas, l'épreuve se conserverait aussi bien, ni aussi longtemps; les expériences que nous avons faites étant trop peu nombreuses et trop récentes, pour nous permettre de rien affirmer à cet égard.

---

## § IX. MOYENS POUR DÉCOLORER LES ÉPREUVES POSITIVES.

Lorsqu'une épreuve positive est trop colorée, ou que sa coloration est trop uniforme, soit qu'on ait abusé de l'exposition, ou que le bain d'hyposulfite acidulé ait trop renforcé le ton général de l'épreuve, on peut l'améliorer d'une manière remarquable, en la passant dans un bain de brômure d'iode très-étendu, comme nous l'avons conseillé pour les épreuves négatives.

Il faut que le brômure d'iode ait à peine coloré l'eau. On fait tremper l'épreuve dans le bain, en ayant soin de chasser les bulles d'air qui pourraient adhérer à sa surface et rendre le contact imparfait entre le papier et le liquide. Il faut agiter doucement l'épreuve, il faut aussi opérer de préférence à la lumière du jour, afin de mieux suivre le travail qui se produit. Lorsque l'envers de l'épreuve prend une légère teinte lilas, c'est la preuve que le papier ne contient pas un excès d'hyposulfite, et le succès de l'opération est assuré.

Si l'épreuve qu'il s'agit d'améliorer est trop ferme et manque de dégradation dans le passage des lumières aux ombres, il faut prolonger l'action du brômure d'iode, jusqu'à ce que les parties blanches du dessin soient devenues bleu clair. Il est temps alors de faire cesser l'action du brômure, ce qui a lieu au moyen de l'hyposulfite, comme dans toutes les actions de ce genre.

Lorsque l'hyposulfite a produit tout son effet, on lave l'épreuve à grande eau, et on la fait sécher par les procédés ordinaires.

Sous l'influence de ce traitement, l'épreuve qui manquait de douceur et de modelé, a changé complètement d'aspect, et les demi-teintes qui avaient trop de valeur, sont accusées maintenant de la manière la plus satisfaisante, et donnent au tableau l'harmonie qui lui manquait.

Il nous est difficile de préciser plus que nous venons de le faire, le degré de concentration auquel il faut employer le brômure d'iode, et le temps que doit durer son action : l'effet qu'il s'agit de produire dépend de la coloration de l'épreuve sur laquelle on opère, et l'effet qu'il faut produire, pour en améliorer le dessin, varie avec chacune d'elles.

Lorsque le brômure d'iode agit trop vite, l'épreuve manque d'harmonie et de modelé, les parties colorées sont attaquées avec trop de vigueur; lorsque le brômure agit trop longtemps, le résultat qu'on obtient est encore défectueux, et les lumières deviennent trop larges.

Comme dans toutes les opérations de ce genre, on se trouvera bien de procéder avec circonspection; on aura tout avantage à rester en deçà de l'action que le brômure d'iode peut produire; de cette manière on se ménage la faculté de revenir sur ses pas, et de compléter par un second bain de brômure d'iode, l'action insuffisante du premier. Cette recommandation est d'autant plus importante, qu'il est impossible de renforcer par l'acide gallique une épreuve qui a été trop affaiblie par le brômure d'iode. La coloration de l'épreuve augmente bien, mais elle se voile, et le résultat est défectueux, car elle manque alors de netteté, de modelé, et de demi-teintes.

---

## § X. BLANCHIMENT DES VIEILLES ÉPREUVES.

Lorsqu'on s'est servi, pour fixer les épreuves positives, de bains d'hyposulfite trop vieux, et par conséquent très-chargés de sels d'argent, il arrive quelquefois que les épreuves s'y colorent en jaune, et prennent l'aspect enfumé d'un vieux dessin.

Dans certains cas, cette coloration, loin de nuire au dessin, lui donne au contraire beaucoup de charme, mais ce n'est que par exception que ce résultat se produit, et d'une manière générale, il faut éviter cette coloration; mais enfin, si cette coloration s'était produite, il serait très-facile de la faire disparaître, et de rendre au dessin toute la fraîcheur et la délicatesse d'une épreuve irréprochable. Pour cela, il suffit de faire tremper l'épreuve dans un bain de brômure d'iode; le bain doit être très-faible, afin de tempérer son action qu'on suit avec facilité, en opérant à la lumière du jour.

On arrête l'action du brômure, au moyen d'un bain neuf

d'hyposulfite acidulé. S'il arrivait que l'épreuve n'eût pas complètement perdu sa teinte jaune, après un premier traitement, rien ne s'opposerait à ce qu'on eût recours à un second et même à un troisième s'il était nécessaire.

La décoloration des épreuves positives s'opère avec la plus grande facilité, lorsque cette épreuve a été obtenue par les procédés ordinaires; mais lorsque le papier a été albuminé, il est presqu'impossible d'obtenir un résultat satisfaisant, car le brômure d'iode attaque l'albumine avec une extrême énergie, et la désorganise au point de détruire tout-à-fait le dessin.

---

## § XI. DES ÉPREUVES QU'ON DESTINE A SERVIR DE CANEVAS

### POUR UN DESSIN OU UNE AQUARELLE.

---

Indépendamment des épreuves que l'on conserve dans leur état naturel, et dont nous nous sommes occupés jusqu'à présent, la Photographie peut en fournir d'autres, qui peuvent servir de canevas à l'artiste, pour faire un dessin ou une aquarelle.

Ces sortes d'épreuves doivent être à peine colorées, afin que le fond ne plombe pas la peinture qui les couvrira plus tard; les lumières, les ombres et les demi-teintes doivent être bien déterminées, malgré le peu de coloration des ombres les plus puissantes.

De cette manière, l'artiste dispose des teintes locales, et produit à son gré une sépia ou une aquarelle, l'impression photographique étant assez pâle pour se prêter à toutes les colorations possibles.

Pour produire ce genre d'épreuves, on ne peut pas employer une épreuve ordinaire qu'on aurait affaiblie, après coup, par les procédés que nous venons d'indiquer : le ton du papier et de l'image n'aurait plus la fraîcheur qu'il faut pour un dessin ou une aquarelle.

On ne peut pas non plus se servir d'une épreuve qui serait trop faible, car le dessin manquerait de la netteté et de la précision qui sont nécessaires pour guider l'artiste.

Lorsqu'on veut obtenir des épreuves pour le dessin, il faut de toute nécessité avoir recours à un papier positif spécial.

En suivant la préparation décrite au chapitre VIII, il suffit d'étendre le bain d'argent de quatre à cinq fois son volume d'eau, pour obtenir un papier convenable. Quelle que soit la durée de l'exposition, l'image ne prend jamais qu'une teinte argentine, qui peut servir à l'artiste de première préparation.

---

# APPENDICE.

---

Depuis que nous avons livré à l'impression les premières feuilles de ce Traité, la photographie s'est enrichie d'un certain nombre d'observations nouvelles, qui ont une véritable importance, et méritent d'être signalées à nos lecteurs.

Nous allons en présenter un résumé succinct.

## § I. ÉPREUVES NÉGATIVES SUR PAPIER.

Pour éviter les taches qui se forment sur certains papiers, malgré tous les soins que l'on apporte dans leur préparation, M. Guillot-Saguez a proposé la suppression du premier bain de nitrate d'argent. M. C. Laborde reproche au procédé de M. Guillot-Saguez, de ne pas fournir des tons assez puissants.

Pour rendre au papier toute sa qualité, sans s'exposer à faire naître des taches, M. C. Laborde propose à son tour le procédé suivant :

On dissout dans trente grammes d'eau distillée un gramme de cyanure de potassium; on ajoute à cette dissolution de l'iodure d'argent récemment précipité, jusqu'à ce que la liqueur en soit saturée. On la jette alors sur un filtre et on y ajoute quatre grammes d'iodure de potassium dissous dans 60 grammes d'eau distillée.

On verse le liquide dans une cuvette, et on l'emploie comme la dissolution ordinaire de nitrate d'argent. Au sortir du bain, le papier est séché au papier buvard, et on peut s'en servir immédiatement.

M. Laborde a proposé, de plus, d'ajouter deux 0/0 d'acétate de chaux, au bain d'acide gallique, pour augmenter la faculté réductive de ce corps, et rendre par là les épreuves plus vigoureuses, ou bien encore, du nitrate de plomb, pour obtenir des noirs mieux fondus.

M. Regnault a proposé de remplacer l'acide gallique par l'acide pyrogallique. A la dose de un gramme par litre d'eau, son action est à la fois plus prompte et plus énergique pour développer l'image au sortir de l'exposition.

M. Peuvion-Colle (1) nous a montré des épreuves négatives sur papier, obtenues presque instantanément au moyen du cyanure d'argent, mais dans ces épreuves, les parties éclairées n'arrivaient pas à une intensité convenable avant que les demi-teintes et les ombres ne fussent ensevelies sous une coloration uniforme.

Nous n'avons essayé encore aucun de ces moyens, et en les publiant nous remplissons simplement le rôle d'historien de la science, laissant à chaque auteur la responsabilité de ses assertions.

(1) M. Peuvion-Colle a employé le premier le sérum du lait pour empêcher les épreuves de se tacher. C'est à cet habile opérateur que nous devons la connaissance de cette utile propriété.

## § II. ÉPREUVES NÉGATIVES SUR GLACES.

---

M. Niepce de Saint-Victor, auquel la photographie sur papier doit de si heureuses innovations, a proposé d'ajouter **2** à **3** grammes de miel de Narbonne à l'albumine de chaque blanc d'œuf. D'après M. Niepce, cette addition rend les glaces plus impressionnables.

On bat tout ensemble, les blancs d'œufs et le miel, le tout additionné de **30** à **40** centigrammes d'iodure de potassium par blanc d'œuf, et lorsque l'albumine est revenue à l'état liquide, on l'étend sur les glaces, comme d'habitude.

De son côté, M. Humbert de Molard a préconisé, dans le même but, la mélasse, le sirop de sucre, le sucre de lait, le mucilage de coings et de guimauve, etc.

M. Humbert de Molard propose, en outre, d'employer l'iodure d'argent à l'état d'iodure double d'argent et de potassium. Voici comment il propose d'opérer :

Il couvre les glaces d'une couche d'albumine ordinaire. Lorsque l'albumine est sèche, il les passe dans un bain d'acide nitrique pur, de 7 à 8 degrés. Au sortir de ce bain, il les passe dans de l'eau étendue d'ammoniaque, pour neutraliser l'acide, puis enfin il les lave à grande eau.

Le bain acide a pour effet de coaguler l'albumine ; le bain alcalin, de neutraliser l'excès d'acide, et les lavages à l'eau, de débarrasser l'albumine du nitrate d'ammoniaque qui s'est formé.

Lorsque les glaces sont bien lavées, on les pose sur un support et on les couvre, à l'aide d'un pinceau, d'une dissolution d'iodure d'argent liquide. Cette dissolution s'obtient en faisant dissoudre, dans le bain d'iodure de potassium, de l'oxyde d'argent jusqu'à saturation.

Au bout d'une minute on plonge la glace dans une cuvette remplie d'eau. La glace prend une nuance jaune d'or, et il forme un précipité qu'on enlève au moyen de lavages.

Pour exposer la glace à la chambre obscure, il n'y a plus qu'à la passer à l'acéto-nitrate.

D'après MM. Humbert de Molard et Niepce, les glaces ainsi préparées accusent une image complète en 30, 40 ou 50 secondes à l'ombre, avec l'objectif de 33 centimètres de foyer.

Nous avons essayé, et bien d'autres ont essayé après nous cette méthode ; malheureusement, les résultats n'ont pas répondu à notre attente, et malgré tous les soins avec lesquels nous avons opéré, nous avons toujours échoué dans nos tentatives.

Lorsque les glaces ont reçu la couche d'iodure d'argent, et qu'on les lave à grande eau pour enlever le précipité, l'albumine se détache ou s'altère, au point de rendre difficile un bon résultat.

Et maintenant que nous avons rapporté les travaux des autres, qu'il nous soit permis de parler des travaux qui nous sont personnels.

---

## § III. TRANSFORMATION DE LA CHAMBRE NOIRE EN CHAMBRE BLANCHE.

Parmi les améliorations les plus importantes que nous ayons pu apporter aux anciens procédés de la photographie, nous signalerons, en première ligne, la transformation de la chambre noire en chambre blanche.

En collant du papier sur les parois intérieures de la chambre blanche, ou, ce qui est préférable encore, en les couvrant d'une couche de couleur à la colle, on augmente l'impressionnabilité des papiers et des glaces dans la proportion de **9** à **15**, c'est-à-dire de près de moitié.

Indépendamment de l'accélération de vitesse, l'image présente plus d'harmonie dans son ensemble, le passage des ombres aux lumières est moins sec et plus tempéré.

Ce résultat est d'autant plus précieux, que les épreuves pèchent ordinairement par des contrastes exagérés, surtout lorsqu'on opère sur glace.

Un résultat qui est plus précieux encore, c'est que les couleurs verte, jaune et rouge, qui produisent si peu d'action sur la couche sensible, lorsqu'on opère avec la chambre noire, s'accusent beaucoup mieux lorsqu'on a recours à la chambre blanche.

Enfin, l'emploi de la chambre blanche permet la formation de l'image, avec une lumière qui ne l'eût jamais permis avec une chambre noire, quelle que fût la durée de l'exposition.

Il résulte de ce qui précède, que la chambre blanche présente de grands avantages sur la chambre noire. On a contesté, il est vrai, l'exactitude de nos assertions, Malheureusement, dans les questions de pratique, une expérience bien faite est plus concluante que tous les raisonnements du monde, et aux personnes qui se montrent opposées à la chambre blanche, nous nous bornerons à répondre : recommencez-en l'essai. Si vous échouez dans vos nouvelles tentatives, recommencez encore, et il viendra un moment où vous reconnaîtrez que l'insuccès tient à l'opérateur, et non à l'appareil.

---

## § IV. NOUVEAU PROCÉDÉ, PLUS FACILE ET PLUS SUR POUR LA PRÉPARATION DES GLACES ALBUMINÉES.

On bat les œufs en neige comme à l'ordinaire, mais sans addition de substances étrangères, et on les laisse se liquéfier; on filtre le liquide au papier buvard.

On nettoie les glaces que l'on veut albuminer avec le plus grand soin à l'eau d'abord, puis à l'alcool. Lorsque les glaces sont propres, on les place l'une après l'autre sur un support métallique à claire voie, comme ceux qui servent à passer les plaques au chlorure d'or, dans la photographie sur métal. On chauffe la glace au moyen d'une petite lampe à alcool. On promène la flamme de la lampe sur toute la surface de la glace, afin qu'elle s'échauffe bien également. Lorsqu'elle a atteint environ 40 ou 50 degrés, on verse sur la face supérieure une ou deux cuillerées d'albumine filtrée, on chauffe encore un peu, puis on incline la glace afin de laisser couler l'excès d'albumine.

Pendant que l'albumine s'écoule, on chauffe une forte glace qui est fixée dans un cadre de bois, de manière à former le fond d'une boîte ou d'une cuvette; la face intérieure de la glace est couverte d'un drap, dont les extrémités viennent se fixer sur les quatre faces du cadre.

Lorsque la glace est chaude, on verse sur le drap un peu d'acide acétique cristallisable, et renversant le cadre sur lui-même, on l'applique sur un second cadre en bois au fond duquel on a placé la glace albuminée.

Tout l'appareil se compose donc d'une boîte en deux parties : l'une des parties a un fond en bois, et l'autre un fond en glace; la partie qui a le fond en glace, forme le dessus de la boîte, et la partie qui a le fond en bois, le dessous.

Sous l'influence de la chaleur de la glace chauffée, l'acide acétique se change en vapeur; la vapeur vient agir sur l'albumine de la glace, et la coagule au bout de deux ou trois minutes. La glace prend alors un aspect mat, qui ressemble sous quelque rapport au biscuit de porcelaine.

Pendant qu'une glace est exposée à l'action de l'acide acétique, et que son albumine se coagule, on recouvre une seconde glace d'albumine, de manière que lorsque la première est coagulée, la seconde est prête à prendre sa place dans la boîte.

Si l'on veut employer les glaces immédiatement, il faut compléter leur dessiccation au moyen de la lampe à alcool, dont on modère la chaleur en éloignant la flamme. Lorsqu'on n'est pas pressé, il suffit de mettre les glaces à côté les unes des autres sur une surface bien horizontale, leur dessiccation s'opère d'elle-même, et dans un temps assez court.

Il est important, dans le cours des opérations, de bien caler le support sur lequel on place la glace, pour la chauffer et la recouvrir d'albumine, afin que la couche ait une épaisseur bien égale. Il est important encore de veiller à ce que la glace soit chaude, lorsqu'on la dépose dans la boîte à acide acétique, afin que les vapeurs de cet acide ne viennent pas se condenser à sa surface.

Le procédé que nous venons de décrire l'emporte de beaucoup sur tous ceux qu'on a proposés jusqu'ici, et sur ceux que nous avons proposés nous-mêmes, par la facilité avec laquelle il permet d'étendre l'albumine en couche uniforme, et par l'adhérence que cette couche acquiert sur la surface de la glace.

Pour rendre les glaces ainsi obtenues photogéniques, on procède de la manière suivante :

On dissout dans cent parties d'eau distillée, cinq parties de nitrate d'argent.

On plonge une glace dans cette dissolution, on la retire, et on la frappe sur la table par l'un de ses angles, afin de faire tomber les gouttelettes du liquide qui sont déposées à sa surface, après quoi on la laisse sécher, en la maintenant toujours dans une position verticale. Lorsque la glace est sèche, on la plonge dans un nouveau bain, composé de cinq parties d'iodure de potassium, et de cent parties d'eau, et on procède ensuite comme au sortir du premier bain.

Les glaces ainsi préparées se conservent fort longtemps, des mois entiers, sans rien perdre de leurs bonnes qualités.

Lorsqu'on veut se servir d'une glace ainsi préparée, on la

passe à l'acéto-nitrate d'argent, en se conformant aux indications que nous avons données à cet égard.

Avec ces nouvelles glaces, les agents accélérateurs, le fluorure, ou mieux encore, le cyanure de potassium ne produisent pas au même degré, tant s'en faut, les accidents que nous avons signalés, et qui rendent leur emploi si difficile.

Du reste, les glaces préparées comme nous venons de l'indiquer, sont très-sensibles à l'action de la lumière, et on peut se dispenser, dans la plupart des cas, d'avoir recours aux agents accélérateurs. Lorsqu'on fait venir l'image à l'acide gallique, il faut se tenir en garde, car on est bien plus exposé à dépasser la limite, qui assure à l'épreuve toutes les qualités, qu'à rester en-deçà.

Lorsqu'on emploie l'albumine, additionnée de miel et d'iodure de potassium, suivant la méthode de M. Niepce de St-Victor, on trouve de grands avantages à la coaguler sur les plaques de verre, en exposant celles-ci aux vapeurs de l'acide acétique, comme nous venons de le décrire.

Cette seule modification dans le procédé de M. Niepce, suffit pour changer totalement le caractère et la valeur des épreuves.

Les épreuves sur albumine manquent le plus ordinairement d'harmonie et de modelé. Le passage des lumières aux ombres s'y fait trop brusquement. En employant l'acide acétique pour coaguler l'albumine, on évite en grande partie ce défaut; les épreuves n'offrent plus les oppositions exagérées qui les déprécient.

L'emploi de l'acide acétique a encore un autre avantage, il rend les plaques préparées à l'avance moins déliquescentes et d'une meilleure conservation.

Lorsqu'on emploie l'albumine additionnée de miel, et coagulée par les vapeurs d'acide acétique, il faut apporter les soins les plus minutieux dans le lavage des épreuves, lorsqu'on les sort du bain d'acide gallique et d'hyposulfite. Des mouvements trop brusques pourraient faire détacher l'albumine ; lorsque l'albumine est humide, elle n'adhère presque pas à la glace, bien qu'après la dessiccation son adhérence soit excessive.

Lorsque l'albumine est sèche et que l'épreuve est terminée, elle a tout-à-fait l'aspect d'un biscuit de porcelaine, et il faut s'être convaincu, par expérience, qu'elle donne d'excellentes épreuves positives, pour être rassuré sur sa valeur.

Lorsque l'action de l'acide acétique a été trop énergique, ou que la couche d'albumine est un peu trop épaisse, il arrive alors que l'épreuve positive est voilée. Pour remédier à cet inconvénient, il suffit de vernir l'épreuve négative, elle acquiert aussitôt toute la transparence qui est nécessaire pour former d'excellents produits.

## § V. PAPIERS NÉGATIFS ALBUMINÉS.

---

Les papiers négatifs albuminés, en suivant la méthode que nous avons décrite au chap. IV, § III, sont d'un emploi plus facile et assurent de meilleurs résultats, si on coagule l'albumine avec les vapeurs d'acide acétique.

On emploie pour opérer cette coagulation, une boîte profonde qui ferme parfaitement. Dans le fond de cette boîte, on dépose une ou plusieurs capsules remplies d'acide acétique cristallisable. Le papier est pendu dans l'intérieur de la boîte au moyen de cordons disposés à cet effet; la boîte étant bien fermée, au bout de vingt-quatre heures, les vapeurs d'acide acétique ont produit tout leur effet.

---

## § VI. PAPIERS POSITIFS ALBUMINÉS.

La méthode décrite au paragraphe précédent peut être suivie pour coaguler l'albumine sur les papiers positifs préparés suivant l'indication donnée au chap. VIII, § II.

## § VII. ÉPREUVES POSITIVES OBTENUES EN QUELQUES SECONDES.

Jusqu'à présent la photographie a été bannie du domaine de l'industrie, ses produits sont trop chers, et les procédés qui servent à les obtenir trop longs et trop compliqués, pour qu'on ait pu établir des fabriques d'épreuves, comme on établit des imprimeries en taille douce, ou des ateliers de lithographie.

Dans les circonstances présentes, on ne peut pas obtenir plus de trois à quatre épreuves positives par jour, avec la même épreuve négative, et encore chaque épreuve positive exige-t-elle un traitement de plusieurs jours. Aussi chaque épreuve se vend-elle de 5 à 10 francs.

Par le procédé que nous allons décrire chaque épreuve négative peut facilement fournir deux ou trois cents épreuves par jour, qui peuvent être terminées le même jour, et dont le prix de revient n'est pas de plus de 5 à 15 centimes.

Ainsi, dans une usine où 30 ou 40 clichets fonctionneraient journellement, on pourrait facilement produire quatre à cinq mille épreuves par jour, à un prix assez modéré pour que la librairie pût y avoir recours pour illustrer ses publications.

Voici en quoi consiste le nouveau procédé :

On passe du papier à l'acéto-nitrate d'argent, en suivant la méthode que nous avons tracée chapitre V, page 62. Le papier doit être préparé par le procédé que nous avons décrit chapitre IV, § II, avec cette différence qu'on ajoute un gramme de cyanure de potassium par litre de sérum.

On doit choisir par économie un papier mince : il absorbe moins de sel d'argent.

L'acéto-nitrate qu'on emploie doit être bien blanc, et composé de la manière suivante :

| | | |
|---|---|---|
| Nitrate d'argent. . . . . . . . . | 1 | partie. |
| Eau distillée. . . . . . . . . . | 6 | |
| Acide acétique cristallisable. . . . . | 3 | |

Lorsque le papier est devenu transparent, on le sèche complètement entre plusieurs feuilles de papier buvard, suffisamment renouvelées. Si on n'emploie pas le papier immédiatement, on empile les feuilles les unes sur les autres, de manière à les maintenir dans un état constant d'humidité. En prenant cette précaution on peut attendre plusieurs heures, sans inconvénient, avant d'employer le papier.

Pour obtenir une épreuve positive, on se sert de ce papier comme du papier positif ordinaire. On met la face nitratée en contact avec l'image de l'épreuve négative ; on enferme le clichet et le papier dans un châssis, de manière à faire naître un contact aussi parfait que possible, on expose ensuite le châssis à la lumière : au soleil cinq à six secondes suffisent ; à l'ombre il en faut 30 ou 40. Dans l'intérêt du travail de la journée, il faut considérer les premières épreuves comme des essais, pour déterminer le temps de l'exposition.

Au sortir du châssis, l'épreuve est plongée dans un bain saturé d'acide gallique, dans lequel on a dissous préalablement un ou deux pour cent d'acide acétique cristallisable. L'épreuve se développe alors dans toutes ses parties. Elle prend d'abord une teinte rouge qui passe ensuite au brun foncé.

Lorsque l'épreuve a pris un ton assez ferme, on la retire du bain d'acide gallique, et on la passe dans un bain d'hyposulfite acidulé très-concentré. Sous l'influence de l'hyposulfite, les parties de l'image qui avaient conservé un ton roux le perdent complètement ; le ton général devient noir, et le papier qui avait pris une teinte jaune-citron reprend toute sa blancheur. En général, huit à dix minutes suffisent pour que l'hyposulfite ait produit toute son action.

En sortant du bain, l'épreuve est lavée à grande eau et mise à dégorger dans une cuve pleine d'eau, que l'on renouvelle de temps en temps.

On pourrait aussi, par cette méthode, obtenir des épreuves positives sur du papier albuminé.

Les épreuves négatives sur albumine, et en particulier celles sur glace, sont d'un emploi plus facile et donnent des épreuves plus parfaites.

La possibilité de produire avec facilité et en nombre considérable de bonnes épreuves positives, est due à l'addition de l'acide acétique dans les bains d'acide gallique et d'hyposulfite de soude. Sans le secours de cet acide on obtiendrait des épreuves sans uniformité, d'une nuance rousse et terne, qui les rendrait inacceptables comme produit d'art, et par conséquent comme produit de consommation.

FIN DE L'APPENDICE.

# TABLE ANALYTIQUE.

FIN DE LA TABLE ANALYTIQUE.

# TABLE DES MATIÈRES.

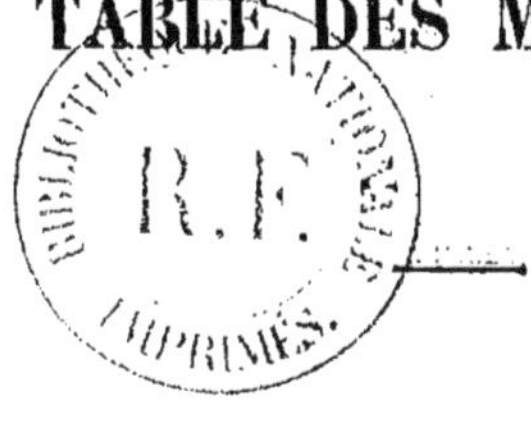

## CHAPITRE IV.



## CHAPITRE V.



## CHAPITRE VI.



## CHAPITRE VII.



## CHAPITRE VIII.

BAR-SUR-SEINE. — IMP. DE SAILLARD.

www.ingramcontent.com/pod-product-compliance
Ingram Content Group UK Ltd.
Pitfield, Milton Keynes, MK11 3LW, UK
UKHW012023240726
13965UKWH00002B/542

9 782012 779037